CÓMO SER EL MEJOR DEL MUNDO

Dirección editorial: Marcela Aguilar
Edición: Gonzalo Marín
Coordinación de diseño: Marianela Acuña
Diseño: Cristina Carmona y Oyuki Álvarez

México: Dakota 274, colonia Nápoles
C. P. 03810, alcaldía Benito Juárez, Ciudad de México
Tel.: 5220–6620 • 800–543–4995
e-mail: editoras@vreditoras.com.mx

Argentina: Florida 833, piso 2, oficina 203,
(C1005AAQ), Buenos Aires
Tel.: (54-11) 5352-9444
e-mail: editorial@vreditoras.com

Primera edición: agosto de 2021

ISBN: 978-987-747-742-9

Impreso en México en Litográfica Ingramex, S. A. de C. V.
Centeno No. 195, colonia Valle del Sur, C. P. 09819
Alcaldía Iztapalapa, Ciudad de México.

ROMMEL PACHECO

CÓMO SER EL MEJOR DEL MUNDO

ÍNDICE

Introducción

Se me parte el corazón cuando la gente se da por vencida sin haberse arriesgado a dar el primer paso. No aprenden a cantar porque se van a reír de su voz desafinada, no invitan a esa persona especial porque puede decirles que no o dejan para mañana el ejercicio porque hoy hace mucho frío. Y así van sumando pretextos. Ni siquiera se han puesto los guantes y ya tiraron la toalla, como se dice en el box.

Pero, eso sí, las historias que se cuentan sobre lo que harán cuando estén en la cima son maravillosas, igual que las de la vida que tendrán cuando las circunstancias cambien y, por fin, tengan tiempo para dedicarse a lo que tanto añoran. Sin embargo, pasan los años y, como no se arriesgan a dar ese paso incómodo que los saque de su zona de confort, los resultados no llegan. Y así, mientras más pasa el tiempo, mayores son sus dudas, su frustración e impotencia, hasta que al final terminan renunciando a sus sueños.

En realidad, nunca me ha gustado cuando me entero de estas historias, pues sé que hay personas muy capaces allá fuera que tienen todo para triunfar, pero no lo consiguen. Y estoy seguro de que no se trata de falta de talento ni de pasión por lo que hacen. A lo largo de mi carrera deportiva he conocido a personas con capacidades físicas impresionantes, que son más fuertes, ágiles y rápidos que los demás y, sin embargo, nunca destacan.

Contrario a lo que se cree, **la gente exitosa no es la más atlética, la más carismática ni la más inteligente**, tampoco es quien tiene un mundo de recursos y posibilidades a su disposición. Si algo me ha quedado claro es que nuestro origen no define nuestro destino. Vivir en una zona apartada, por ejemplo, quizá signifique que enfrentarás más retos que otros si quieres estudiar medicina, pero si tienes la determinación encontrarás la manera de lograrlo y, en el trayecto, seguramente saldrás muy fortalecido, incluso con más herramientas que muchos que "la tienen fácil".

Algunas personas tienen la bendición de contar con circunstancias que les facilitan obtener lo que buscan. Pero si no es tu situación, eso no quiere decir que no puedas conseguir lo que te propongas. Al contrario, estoy seguro de que en realidad tienes todo lo que hace falta para conseguirlo.

Muchas de las personas que admiramos vienen de abajo y aprendieron a sobreponerse a condiciones adversas. Si revisas sus biografías, verás que el común denominador que une a los deportistas, empresarios, artistas o científicos sobresalientes es la perseverancia y la convicción de no rendirse. El reconocimiento y la fortuna son solo el resultado de su esfuerzo y determinación.

Ahora bien, me gustaría aclarar que este no es un libro sobre deportes. Mi intención al escribirlo, más bien, tiene que ver con tu desarrollo personal y con brindarte una guía que te ayude a alcanzar lo que siempre has anhelado, ya sea en tus estudios o en tu vida profesional y personal.

Quiero compartirte mi experiencia, mis aprendizajes y las estrategias que me ayudaron como deportista a ser el campeón mundial de mi especialidad y a estar continuamente entre los mejores clavadistas del planeta.

A lo largo de las siguientes páginas te propongo que seamos compañeros de equipo y que me permitas guiarte y aconsejarte para que puedas alcanzar tus sueños.

Cómo ser el mejor del mundo fue pensado para llevarte paso a paso por un camino de crecimiento, que va desde identificar tus sueños y talentos, hasta saber cómo plantearte metas, objetivos y un plan para llevarlos a cabo. Además, aquí te compartiré las claves fundamentales para construir un estilo de vida exitoso que combine el impulso competitivo con el placer, así como la disciplina con la posibilidad de divertirte haciendo lo que amas y te apasiona.

Al final de cada capítulo, incluyo actividades para que pongas en práctica los temas que abordamos. La acción es importantísima. Considera que **así como un buen nadador se hace en el agua, el corredor en la pista y el emprendedor en el desarrollo de su negocio, así mismo tus actos son los que harán realidad tus sueños.**

No te voy a mentir, el camino que te propongo en *Cómo ser el mejor del mundo* implica compromiso y trabajo, pero te aseguro que puedes conquistarlo si apuestas por ti y confías en tus fortalezas. No importa tu edad ni a qué te dedicas, tampoco tus estudios o dónde vives, lo primordial es tu hambre de superarte y el impulso que tengas para crecer.

Es momento de dejar atrás las excusas y las buenas intenciones que no se traducen en resultados. Llegó la hora de creer en ti y de empezar a convertir tus deseos en realidades.

Que tengas este libro en tus manos es la mejor prueba de que quieres transformar tu vida y llevarla a otro nivel. Ahora da el siguiente paso y ponte el reto de leerlo hasta la última página.

¡Sigue adelante! ¡Avanza! El futuro que anhelas acaba de empezar.

Llegó la hora de creer en ti
y de empezar a convertir
tus deseos en realidades.

CAPÍTULO

1

Formar a
un campeón

DÉJAME CONTARTE

No nací sabiendo que quería ser clavadista. De pequeño ni siquiera sospechaba que era un deporte. Ni me imaginaba que me iba a dedicar a él. Con decirte que a los tres años me daba miedo meterme al agua. La verdad es que todo comenzó por casualidad. Y solo después se convirtió en una pasión que me fue llevando cada vez más lejos, hasta que en 2016 logré ser campeón de la copa del mundo.

Mi primer deporte fue la natación. Mis papás querían que dejara de tenerle miedo al agua y por eso llegué a ella. Cuando me llevaban a la playa, no había modo de meterme al mar, porque no dejaba de llorar y prefería quedarme jugando en la arena. Al final consiguieron su propósito, porque ahora paso casi siete horas de mi día en una piscina.

En la natación también empezó a asomarse mi espíritu competitivo. Recuerdo mi primer torneo. No era por edades, sino por nivel. Me acuerdo que en el banco de salida había alguien muy grande a mi lado y pensé: "No me va a ganar". Así que nadé lo más rápido que pude, concentrado en llegar a la meta.

Después de unos años en natación, estuve un tiempo en béisbol y luego mis papás nos inscribieron a mis hermanos y a mí en un club deportivo. Fue una gran temporada de exploración, porque había deportes y actividades para todos los gustos. Y como había que aprovechar la membresía, pasábamos el mayor tiempo posible ahí. Por lo que después de la escuela, comíamos y nos íbamos a nuestras clases de fútbol, vóleibol, básquetbol, clavados y hasta cerámica.

En aquella época, Fernando Platas, medallista olímpico, entrenaba en el club. Para aquel entonces yo no sabía quién era, pero recuerdo mi fascinación la primera vez que lo vi entrenar clavados. Me impresionaron sus saltos y giros para entrar en el agua.

Visto a la distancia, tenía sentido dedicarme a los clavados porque he sido muy inquieto desde niño. Me la pasaba brincando en las camas y de un sillón a otro. Y lo mismo hacía en la escuela, cuando saltaba de banca en banca. En algún momento, el maestro mandó a llamar a mis papás para contarles que no me quedaba quieto. Y qué sorpresa se llevaron al llegar a la reunión y verme haciendo acrobacias en el salón.

Por algo me gustó este deporte. Me daba la oportunidad de saltar y aprender verdaderas acrobacias, de divertirme y pasar mucho tiempo en el agua. Mérida, mi ciudad natal al sur de México, es muy calurosa. Imagina lo entretenido que era para un niño poder pasar tanto tiempo en la piscina haciendo piruetas. Tenía siete años cuando inicié con los clavados y la verdad es que fue por pura diversión.

¿Por qué te cuento todo esto? Porque creo que, la mayoría de las veces, el éxito empieza con algo muy sencillo. Surge de un gusto, de una actividad que nos divierte o estimula. Nace de un pasatiempo en el que somos buenos o de un interés que poco a poco va creciendo. Las metas llegan después.

A los siete años, solo pensaba en dar vueltas en el aire y caer en el agua. Para mí era un juego muy divertido. No había nada serio. Con el tiempo llegaron los sueños de medallas, el deseo de participar en las olimpiadas y la realidad de sentir en mi cuello el peso del oro que me coronaba como campeón del mundo en el trampolín de tres metros.

Pero no pienses que ha sido un viaje sencillo y sin tropiezos. Créeme que la mayoría de los logros y satisfacciones solo pueden construirse con altas dosis de esfuerzo, frustración y aprendizaje. Y si lo que buscas en tu vida es sobresalir o simplemente entregarte de lleno a algo que te apasiona, aun si no está en tu radar competir, no dudes de que tus sacrificios valdrán la pena.

El recorrido que te propongo hacer en las siguientes páginas es para que empieces por lo más sencillo: descubrir qué te gusta, averiguar para qué eres bueno, preguntarte cuáles son tus intereses y sueños. El éxito tiene sus raíces aquí.

Quiero empezar compartiéndote algunas de las experiencias que me ayudaron a encontrar mi camino como deportista profesional y los desafíos que aparecieron en el trayecto. Confío en que estas anécdotas y reflexiones te brindarán pistas valiosas en tu búsqueda personal, ya sea que te hayas propuesto emprender un negocio, ascender profesionalmente, iniciar tus estudios o realizar el proyecto de tus sueños. Lo que sea.

En los próximos capítulos vamos a formar parte del mismo equipo y desde ahora te digo que tienes todo mi apoyo. Así que iniciemos tu camino a la cima. ¡Ánimo!

CONOCE TUS TALENTOS

Déjame empezar con un par de preguntas: ¿qué te gusta? ¿En qué te consideras bueno? Quizá pocas veces te has detenido a pensarlo. Aunque no lo creas, ambas preguntas están profundamente relacionadas con tus talentos y son fundamentales para construir la vida que quieres. ¿Por qué lo digo? Piensa en ese trabajo que no te llena, pero que tampoco dejas porque no sabes a qué te dedicarías. Cuando ignoras tu talento, tus dones o tu vocación, el mundo luce mucho más limitado, igual que tus oportunidades.

Al hablar de talento me refiero a la capacidad para realizar con destreza las tareas o actividades que a otras personas les costarían mucho más trabajo. Pero **no es solo una cuestión de facilidad, sino también de gusto y pasión por lo que haces.** De esa unión nace el éxito.

Por lo tanto, el primer paso para descubrir tus dones y habilidades consiste en responderte: "¿Qué me gusta?". Parece sencillo, pero es una pregunta con la que mucha gente se tropieza. Muchas veces no saben qué contestar porque su horizonte es reducido y no suelen arriesgarse a probar cosas distintas. Es como si siempre desayunaras lo mismo. Quizá te encanta cómo preparan los huevos en casa, pero ¿por qué no darle una oportunidad al platillo que te recomendaron en el restaurante al que siempre has querido ir? Puede que te sorprendas o te decepciones, pero solo lo sabrás hasta que te aventures a probarlo.

Así que mi consejo es: sal y experimenta. Date la oportunidad de acercarte a distintas actividades artísticas, deportivas, de negocios o de lo que sea que llame tu atención. El caso es que primero conozcas y luego decidas.

El siguiente paso es encontrar para qué eres bueno. Por ejemplo, si yo quisiera ser el mejor guitarrista del mundo, lo más probable es que me quedaría corto. De entrada, nunca he tenido un oído muy fino, tanto que en la secundaria ni siquiera aprendí a tocar la flauta. Si en un universo paralelo hubiera estudiado música desde pequeño, en lugar de ser clavadista, hoy sin duda sería muy buen guitarrista, pero no el mejor.

En cambio, desde niño mis entrenadores reconocieron mi destreza física, vieron que tenía el cuerpo adecuado para el deporte y lo que hacía falta para ser un buen clavadista. Por eso le recomendaron a mis papás que me enfocara y dejara mis otras actividades. Y poco a poco lo hice, porque lo que más me gustaba eran los clavados.

Identificar tus talentos requiere paciencia y que aprendas a observarte. Eso te ayudará a descubrir qué actividades te hacen vibrar y te apasionan. Para guiarte en este proceso, te comparto cuatro puntos que te serán de gran ayuda.

1. Conócete

Se trata de explorar qué imagen tienes de ti mismo. Muchas personas creen que no tienen ningún talento y por eso no se arriesgan a experimentar cosas nuevas y a descubrir sus potenciales, lo que les impide desarrollar nuevas habilidades. Las siguientes preguntas te ayudarán a que vayas reconociendo tus gustos y talentos. Tómate el tiempo necesario para reflexionar y responder.

⇨ ¿De qué temas hablas constantemente?

⇨ ¿Qué actividad disfrutas tanto que no puedes vivir sin hacerla?

⇨ ¿En qué actividades sueles recibir reconocimiento sin buscarlo?

⇨ ¿Qué actividades te han acompañado toda la vida, pero no te habías dado cuenta?

2. Reconoce tus influencias

   ¿Sabías que admiramos a las personas con las que compartimos alguna cualidad o algún potencial que está latente en nosotros? En mi caso, Fernando Platas fue mi primera inspiración como clavadista. Todos tenemos a alguien que nos motiva o es nuestro modelo a seguir. ¿Te has detenido a ver a qué figuras sigues o a quiénes buscas parecerte? ¿Te has preguntado qué es exactamente lo que admiras de ellas? La mayoría de las veces, esas personas reflejan aspectos que son muy importantes para nosotros, pero que no reconocemos como nuestros. Son tu espejo, así que averigua qué hay de ellos en ti.

3. Descubre con qué fluyes

   Me refiero a una actividad que haces con toda naturalidad y que, además, te involucras en ella a tal grado que pierdes la noción del tiempo. Algunos le llaman estar en el *flow* o "entrar en la zona". Lo importante es que te concentras tan profundamente que el exterior parece desaparecer y solo quedan tú y lo que haces. Presta atención a tu día y observa con qué actividades te sucede. Esto te dará pistas valiosísimas sobre tus talentos.

4. **Distingue qué harías solo por el placer de hacerlo**

Recuerda tus juegos de niño. Saltar, correr o salvarle la vida a un juguete era divertido porque no había una obligación detrás. De hecho, esa libertad te permitía crear historias alocadas y creativas. Los miedos y las dudas que suelen limitarnos llegaron después, al crecer. Aquí el punto es darte cuenta de qué harías aunque no te pagaran.

Quiero darte un último consejo en tu búsqueda: no te rindas. La mayoría de las veces nuestros talentos no se nos aparecen a simple vista. Para encontrarlos, hace falta paciencia y trabajo. Por otro lado, no siempre basta con tener una capacidad innata para lograr algo extraordinario. Llegar adonde quieres también necesita que perseveres, te arriesgues y creas en ti. Visto de ese modo, no darte por vencido puede ser un talento, uno muy valioso. ¡Así que adelante! Que esto apenas empieza.

DEL SUEÑO A LA REALIDAD

Recuerdo muy bien que en 1993 mi papá y mi entrenador comentaron que los clavadistas chinos eran los mejores. Considerando que arrasaban con casi todas las medallas en los campeonatos internacionales, había algo de cierto. Al escucharlos elogiar así a los deportistas asiáticos, sin pensarlo me dije: "Voy a ir a unos Juegos Olímpicos en China".

En ese momento nadie sabía si algún día se organizarían unas olimpiadas en aquel país, pero la idea se me quedó muy grabada. Desde entonces, el sueño de competir en esa tierra me acompañó en cada entrenamiento. Era mi motivación. Sabía que, tarde o temprano, iba a suceder. Y, 15 años después, en 2008, se cumplió la profecía.

Me hubiera encantado ganar una medalla en Pekín. Y suelo bromear diciendo que, si me lo hubiera propuesto de niño, sin duda lo habría conseguido. Lo importante para mí en ese momento era que había alcanzado mi sueño. El deseo se hizo realidad. Y te comparto esta anécdota porque ahora quiero contarte sobre el poder de los propósitos y los sueños.

¿A quién no le gusta soñar con dedicarse a lo que ama, con viajar, encontrar al amor de su vida o tener una situación económica desahogada? Es maravilloso imaginar mundos en nuestra cabeza. Los podemos construir a nuestro antojo, tan grandes o espléndidos como queramos. El asunto es que solo los podemos habitar cuando son tangibles, porque un sueño sin acción se queda en fantasía.

Un error muy común es no quitar el *hubiera* de en medio: "Si *hubiera* puesto mi negocio hace años, hoy sería millonario". Pero ¿cómo puedes tener la seguridad si ni siquiera lo has intentado?

Tener un sueño es maravilloso, porque le da sentido a lo que hacemos y vivimos. Y, si además coincide con tu talento, las oportunidades son extraordinarias. Pero de nada sirve que ese sueño y ese talento se queden en tu imaginación. Los cambios que buscas en tu vida, tu crecimiento y la satisfacción que persigues solo ocurrirán si te atreves a hacerlos realidad.

No exagero si te digo que conquistar lo que quieres es como un clavado. Al principio es normal que te dé miedo saltar. Miramos la altura de nuestros deseos y expectativas, lo hondo de nuestros temores, y quizá hasta sintamos algo de vértigo. No es sencillo aventarse y esperar lo mejor. Pero aquí debo aclarar que no te lanzas ciegamente a un precipicio, sino que haces lo que está en tus manos para que pase lo mejor. Cuando buscas un resultado favorable, lo más seguro es que lo consigas, tarde o temprano. Y si esperas un mal resultado, también lo vas a tener. Así que cuida tu actitud.

Un consejo que seguramente has escuchado cientos de veces es que no te importe el qué dirán. Y al final es cierto. Siempre te van a criticar, ya sea un día o diez años, pero quien tendrá la satisfacción de intentarlo eres tú. Nadie te quitará el gusto de lograr lo que te propusiste o de probar una y otra vez hasta conseguirlo. Es decir, elimina el *hubiera*. Si va a funcionar tu idea de negocio, tu proyecto, o si él o ella será el amor de tu vida, depende de que te arriesgues y actúes. Y si no sale como esperas, de cualquier modo no te quedaste con la duda. Es un principio para todos los ámbitos de la vida.

Los sueños nos dan un propósito. Son una guía poderosa, pues nos ayudan a darle rumbo a nuestras acciones. Y, cuando nos proponemos algo:

⇨ Identificamos qué actividades debemos hacer, nos planteamos objetivos y definimos prioridades.

⇨ Superamos emociones complejas, como decepciones, miedos e incertidumbre. Tener un propósito nos impulsa a seguir, a pesar de los obstáculos, pues vamos más allá de las frustraciones inmediatas.

⇨ Nos enfocamos y eliminamos las distracciones.

⇨ Desarrollamos emociones positivas, ya que nuestra energía se dirige a aprender, crecer y cultivar el sentido de nuestra vida. Al final, eso se refleja en la confianza que sentimos y proyectamos.

Algo que me ha ayudado mucho en mi carrera es que desde niño tengo claros mis objetivos y voy tras ellos. Además, soy necio y no me rindo fácilmente. Sin embargo, por experiencia sé que no hay que obsesionarse con querer ser el mejor siempre. No todo es competencia ni los demás son tus rivales. Si solo piensas en ganar, dejas de disfrutar lo que haces. Y cuando no te diviertes, tu curiosidad se apaga, te cierras a las nuevas experiencias y puedes estancarte.

El gozo forma parte de alcanzar tus sueños. Entre más disfrutas y te involucras en la actividad que amas, el placer termina convirtiéndose en una verdadera pasión por lo que haces. Ves mejoras, llegan los reconocimientos y comienzas a plantearte nuevos retos.

Cuando te apasiona lo que haces, sientes que las cosas se acomodan entre lo que te gusta y se te facilita. Estás motivado, experimentas una sensación de plenitud y percibes la importancia de lo que haces. De niño, los torneos nacionales, los viajes y las medallas me ayudaron a ver que mi trabajo diario estaba dando resultados. Y conforme avances en lo que te apasiona, estoy seguro de que tú también empezarás a ver los frutos de tu empeño.

Algo que no se dice a menudo es que la pasión implica esfuerzo. Hay goce, por supuesto, pero de igual modo exige dedicación y compromiso para llevarla al siguiente nivel. De otra forma, es solo un pasatiempo. Y no me malinterpretes, hay quienes quieren divertirse y no aspiran a ser los mejores. Es válido, siempre que tengas claro qué quieres. Pero estoy convencido de que si tienes este libro en tus manos es porque anhelas superarte, evolucionar y alcanzar un sueño que has perseguido por años.

Alcanzar la excelencia o el éxito en lo que buscas requiere una fuerte dosis de responsabilidad. Y con esto me refiero a hacerte cargo de las acciones que te permitan cumplir tu propósito de mejorar y crecer en tu respectiva disciplina, área de trabajo o en el aspecto personal que quieres desarrollar. En el siguiente apartado te cuento de esto más a fondo.

HAZTE RESPONSABLE DE TU ÉXITO

Triunfar y lograr la prosperidad y el éxito requieren esfuerzo. Mientras más te involucras en lo que te apasiona, más debes dejar atrás viejos hábitos y modificar conductas que obstaculizan tu camino de crecimiento. Esto implica asumir nuevas exigencias y desafíos. Quizá debas dedicar más tiempo a perfeccionar tus habilidades, aprender a usar nuevas herramientas, abstenerte de ir seguido a reuniones y fiestas, renunciar a ciertas comodidades o sacrificar otras actividades para enfocarte en lo que amas. Incluso, tal vez tengas que cambiarte de ciudad, lejos de tu familia y amigos, como me ocurrió a los 11 años.

Entre las olimpiadas infantiles y nacionales me propusieron entrar a un programa de alto rendimiento. México estaba formando un equipo con proyección para los Juegos Olímpicos de 2008 en China (sí, justo a los que me propuse ir). Mis papás hablaron conmigo para decirme que, si aceptaba, tendría que dejar Mérida para irme a vivir solo a la Ciudad de México. Quizá creyeron que no aceptaría, pero enseguida respondí que sí quería. Era mi oportunidad. No había marcha atrás.

Mi mamá se quedó conmigo el primer mes, en lo que me asignaban lugar en el Comité Olímpico Mexicano. Después me las arreglé solo. Como llegué a la mitad del ciclo escolar, tuve que adaptarme a destiempo a mi nueva escuela y los compañeros, así como a una ciudad enorme y caótica, con un clima muy diferente. Mi horario era muy estricto debido a mis obligaciones académicas y de entrenamiento. Aprovechaba los descansos o los tiempos muertos para hacer tareas o estudiar. En ese sentido, mi vida era distinta a la de los demás, pues en lugar de jugar en los cambios de clase, era el niño raro que adelantaba sus deberes porque no tenía tiempo. Debía esforzarme más que muchos porque mi jornada era muy demandante. Y cuando terminaba de entrenar en la noche, lo único que quería era dormir.

Te confieso que hubo momentos en los que resentí la soledad y no tener a mi familia cerca, pero no estaba dispuesto a regresar a casa. No me había ido de mi ciudad natal alejándome de mis más cercanos por nada. Me fui para crecer y ser el mejor. Aprendí a hacerme cargo de mis sueños y a asumir la responsabilidad de mis actos. Así que ahora quiero compartirte algunas recomendaciones que, confío, te ayudarán en tu camino hacia la excelencia.

1. **Asume la responsabilidad de tu vida**

La forma más sencilla de renunciar a tus sueños es escudarte en las circunstancias. Me refiero a culpar a la suerte, al lugar donde creciste, a tu familia, amigos o a tu jefe por no cumplir lo que te has propuesto. De ese modo, le das a alguien más el poder de decidir sobre tus intereses, gustos, objetivos e incluso sobre el rumbo de tu existencia. Si te refugias en tus experiencias negativas para no arriesgarte a actuar, estás viviendo lo que te toca, no lo que quieres. El éxito no se trata de elogios y fortuna, sino de tomar el control de tu vida. Eres la única persona responsable de tus decisiones y acciones, así que no culpes a los demás ni te quejes de las circunstancias. Pon mucha atención en este punto, porque las quejas y culpas son hábitos que una y otra vez van a obstaculizar tu crecimiento. Son un gran pretexto para no asumir tu responsabilidad. Para modificar esas costumbres negativas, empieza por reconocer tus errores, aprende de ellos, corrígelos y busca evitarlos a futuro. Pero también identifica tus aciertos y buenas prácticas, para que las refuerces. En pocas palabras, trabaja para conseguir los resultados que buscas. No los dejes a la suerte.

2. **Más esfuerzo, menos sacrificio**

Aunque parezca algo trivial, las palabras que usamos importan. El sacrificio se relaciona con algo difícil, incluso tortuoso. Es una obligación y, por tanto, nos resistimos a realizarlo. Si crees que renuncias a tu noche de viernes por estudiar, ejercitarte o desarrollar tus habilidades, puedes terminar odiando lo que haces. Y al experimentarlo como algo impuesto, se convierte en una carga agotadora.

En cambio, el esfuerzo implica un compromiso personal. Nadie te obliga. Es una decisión en la que tú eres el único beneficiado. Se trata de un cambio de actitud en el que te involucras emocionalmente en lo que te has propuesto, y dedicas tiempo y energía a cumplir tus objetivos. Y, como nace de ti, haces lo que te corresponde para que las cosas sucedan. Por eso, cada paso que das te acerca a tu meta.

3. **Amplía tu mirada**

Toma tiempo lograr nuestros sueños. El propósito que nos planteamos no es inmediato, pero solemos cometer el error de pensar y actuar a corto plazo. Queremos que las cosas sucedan pronto y que nos exijan un esfuerzo mínimo. Sin embargo, no hay soluciones rápidas, recuérdalo. **Los resultados se construyen con constancia y hábitos cotidianos.** Es importante que veas más allá y establezcas objetivos a largo plazo que guíen tus acciones y decisiones. Por el momento, solo tenlo presente en tu radar, ya que en el siguiente capítulo vamos a profundizar en este tema.

4. **Enfócate**

Si quieres abarcarlo todo, la vida no te lo va a permitir por una sencilla razón: no hay tiempo suficiente. Si tu sueño es sobresalir en algún deporte, iniciar un negocio, desarrollarte en una línea profesional o conquistar cualquier interés que persigas, entonces conviértelo en tu misión y dedícale la mayor parte de tu energía. De otro modo, vas a enredarte con tareas que solo te desviarán de tu objetivo.

5. **Aprende a decir no**

Somos seres sociales y nos gusta agradar a los demás. Por lo mismo, muchas veces nos cuesta negarnos a una tarea, actividad o favor para un familiar, amigo o compañero de trabajo. No me malinterpretes, no digo que te niegues a todas sus peticiones. Más bien, ten en cuenta tus objetivos y no digas que sí cuando sabes que eso te alejará de tu propósito.

Sobre todo, no hagas las cosas por congraciarte con alguien. Al final, no le vamos a caer bien a todos ni van a aprobar cada una de nuestras elecciones. Mejor concéntrate en ser auténtico, desarrollarte y dar lo mejor de ti. Es tu vida, ¡es tu éxito!

INSPÍRATE

La pregunta del millón para un gran número de personas es: "¿Cómo puedo cultivar lo que me apasiona?".

Creo que no hay una sola respuesta, pero de lo que sí estoy seguro es que, sin importar a qué te quieras dedicar, la constancia es la clave. Fortalecer tu talento requiere disciplina y perseverancia. Es una cuestión de crear y fortalecer los hábitos más efectivos.

Por ejemplo, si descubres que eres bueno para el ajedrez y cada vez que estás frente al tablero experimentas con nuevas jugadas, ¿por qué no buscas clases que te ayuden a mejorar aún más?

Desarrollar tu pasión exige tiempo, así que dale prioridad. Además de las clases formales, investiga y estudia las jugadas de los grandes maestros del ajedrez y practica lo más que puedas con amigos, vecinos, en la escuela o el trabajo, y hasta en tu teléfono. Prueba ponerte horarios y, sobre todo, cúmplelos.

Quizá suene trillado, pero es verdad: la práctica hace al maestro. Y esto aplica para cualquier profesión, oficio, deporte o actividad. ¡Así que enfócate en lo que quieres y apasiónate por tu pasión!

NO OLVIDES QUE...

⇨ El éxito empieza con un gusto o una actividad que nos divierte. Las metas llegan después.

⇨ El talento incluye la facilidad para realizar ciertas tareas o actividades, así como gusto y pasión por lo que haces.

⇨ El primer paso para descubrir tus dones y habilidades consiste en responderte: "¿Qué me gusta?".

⇨ Sé paciente y aprende a observarte para descubrir qué actividades te hacen vibrar.

⇨ No rendirse también es un talento.

⇨ El éxito necesita perseverancia, que te arriesgues y creas en ti.

⇨ Quita el *hubiera* de en medio. Un sueño sin acción se queda en fantasía.

⇨ Tener un propósito te permite dar rumbo a tus acciones, superar emociones complejas, enfocarte y desarrollar sentimientos positivos.

⇨ Toma el control de tus resultados, para que vivas lo que quieres, no lo que te toca.

⇨ Los resultados se construyen con constancia, hábitos efectivos y objetivos a largo plazo que guíen tus acciones y decisiones.

CAPÍTULO

2

Prepárate para triunfar

DÉJAME CONTARTE

Cuando compites estás expuesto a las miradas del público y los jueces. Parte de la preparación para los torneos consiste en saber manejar esa presión y aprender a desinhibirte. Mi primer entrenador en la Ciudad de México lo sabía y por eso nos obligaba a bailar a todos los integrantes del equipo cuando organizaba reuniones en su casa. Si no lo hacíamos, al siguiente día nos tocaban clavados de castigo.

Desde niño evitaba bailar. Me daba mucha vergüenza y miedo. De hecho, en la primaria era de quienes se quedaban parados en los eventos de la escuela. Pero, curiosamente, después de competir en unos Juegos Centroamericanos participé en un programa de televisión llamado *Mira quién baila*. No es que de pronto me creyera un gran bailarín, sino que aproveché la oportunidad para tomar unas vacaciones que me ayudaran a despejarme, hacer ejercicio y desarrollar nuevas habilidades y talentos.

La verdad es que no era bueno en la pista y lo primero que pensé después de aceptar fue: "¿Cómo lo voy a lograr?".

Para cada emisión tenía que aprender dos coreografías, sentir la música, seguir los tiempos y el ritmo, entre otros desafíos. Lo peor es que podía hacer el ridículo internacionalmente, porque el programa se transmitía en todo México y parte de Estados Unidos. Llegué a sentir tanto miedo, que terminé ensayando entre nueve y diez horas al día, casi igual que en los clavados.

Cada baile era un reto, pues no coordinaba ni me salían los pasos. Me sentía muy frustrado y, a menudo, me preguntaba si tenía sentido continuar. Pero **conforme pasaban los días notaba pequeños avances y eso hacía que me planteara nuevos objetivos,** como aprenderme más rápido la rutina, terminar con el pie correcto o coincidir en cierta vuelta con la bailarina.

En los ensayos generales no me salvaba de los regaños. Era un desastre. Por estar pensando en la cámara, los ángulos y el público, se me olvidaba la coreografía. El día de la grabación, en el verdadero show, sentía que el corazón se me iba a salir, pero empleaba las técnicas de concentración que uso antes de una competencia, como respirar, visualizar y repetirme frases de aliento.

A veces me equivocaba de paso durante el baile o perdía el ritmo. En automático pensaba en paralizarme, quería rendirme o sentía que estaba haciendo el ridículo.

41

Sin embargo, decidía continuar. Al ver que sí podía, pronto recordaba el resto de la rutina y me movía con más soltura. Me dejaba llevar por la canción y, cuando me daba cuenta, el baile había terminado, el público me aplaudía y los jueces me estaban calificando.

Te confieso que me preocupaba mucho equivocarme, pero en realidad los únicos que lo notaban eran los otros bailarines. Me di cuenta de que lo grave no era el error, sino paralizarme. Quizá el pie derecho no iba como debía, pero podía improvisar hasta terminar el baile. Y la verdad es que la gente ni siquiera se percataba del fallo. Hubiera ocurrido lo contrario si me detenía y me excusaba frente a la cámara: "¿Saben qué? No puedo. No sirvo para esto".

Esa experiencia me ayudó a ver que muchos de los errores de la vida diaria no justifican abandonar un proyecto o renunciar a una actividad que nos cuesta trabajo. Los reveses también forman parte de intentar algo nuevo que no dominamos. En mi caso, me puse en una situación incómoda con un objetivo claro: enfrentar un viejo miedo. Quería vencerlo y aprender, pero eso implicaba estar abierto a equivocarme.

Le damos mucha importancia a las críticas y opiniones de los demás, pero la mayoría de la gente olvida

pronto lo ocurrido. Si ganas o pierdes, al final no les importa tanto como crees. A la semana se les va a olvidar tu tropiezo, incluso tu victoria. Lo que de verdad importa es que sigas adelante. Y si te equivocas, corrige tu error y continúa.

En este capítulo quiero contarte sobre el valor de tener una meta que guíe y aterrice tus objetivos en acciones concretas. Si vas a emprender una nueva actividad o a desarrollar a fondo tus talentos, las metas son herramientas fundamentales para llevarte al siguiente nivel de desempeño. Ellas te permitirán medir y dar seguimiento a tus avances, por mínimos que sean al inicio, así como sumar pequeños logros que te ayuden a alcanzar lo que te has propuesto.

DESARROLLA UN PLAN

Imagina un desayuno diario que incluya tres sándwiches de huevo frito con queso, lechuga, tomate, cebolla y mayonesa. Además, dos tazas de café, un *omelette* de cinco huevos, un tazón de sémola y tres piezas de pan francés espolvoreadas con azúcar. Aunque parezca broma, toda esa comida no era para dos o tres personas, sino para el deportista olímpico con más medallas de la historia.

Michael Phelps es considerado el mejor nadador de todos los tiempos. De hecho, se ha vuelto una leyenda, como Mohamed Ali y Michael Jordan. Sus características físicas, es decir, la estatura, los brazos increíblemente largos y su tipo de pies, que funcionaban como aletas, sin duda le ayudaron a lograr sus sorprendentes hazañas deportivas. Pero créeme que, sin un plan de entrenamiento ni la disciplina necesaria, difícilmente habría aprovechado sus dones naturales para llegar a la cima.

Muchos consideran aburrido prepararse y buscan entrar en acción cuanto antes, pero la falta de rumbo los hace renunciar pronto. Otros no saben por dónde empezar, se desesperan y abandonan lo que se habían propuesto sin haber dado siquiera el primer paso. Justo en esos momentos es cuando la preparación se vuelve una aliada invaluable. No es el capricho de tu jefe, el invento de un gurú o el pretexto de tu entrenador para torturarte. Sencillamente es una guía. **La práctica, el estudio y la planeación son parte de una buena preparación, pues te permiten anticiparte a las situaciones que pudieran presentarse.** Además, te ayudan a enfocarte, a confiar en tus habilidades, fortalecerlas y ponerlas al servicio de tus metas. En los Juegos Olímpicos de Pekín, los lentes de Michael Phelps se llenaron de agua y no pudo ver. En lugar de entrar en pánico, siguió nadando y confió en sus largas horas de entrenamiento. Sabía cuántas brazadas le tomaba completar una vuelta, así que comenzó a contarlas. Y eso le bastó para ganar la competencia.

La pregunta que quizá ahora te hagas es: ¿por dónde empezar? Lo primero que necesitas es un plan que le dé dirección a tus actividades, que te permita ver tus avances y que sea una herramienta para corregir el rumbo cuando sea necesario.

Un plan no es otra cosa que una forma de organizarte. Es una estrategia que te ayudará a conseguir los resultados que buscas. Sobre todo, debe ser útil, ya que no se trata de llenarte de tareas que, al final, solo te quitarán tiempo y recursos. Al contrario, las actividades que te propongas deben responder a tus necesidades y contribuir a tu crecimiento.

A continuación, te comparto cinco pasos básicos para que empieces a proyectar tus acciones.

1. **Escribe tu plan**

   La escritura es un ejercicio poderoso de visualización. Al plasmar tus ideas en el papel, puedes ordenarlas y entiendes sus alcances. Además, prevés aspectos que quizá no habías considerado y tienes una perspectiva más amplia de tu proyecto. Otro beneficio es que puedes revisar tu plan cada vez que lo necesites para corregir el rumbo y agregar o ajustar tareas.

2. **Define el objetivo de tu plan**

   ¿Qué quieres lograr con él? ¿Quieres estudiar algo nuevo, deseas iniciar tu empresa, crecer en tu empleo o, incluso, encontrar pareja? Antes de salir a conquistar el mundo, ten claro qué buscas. Y cuando empieces a definir tu plan, sé realista y ponte plazos. En este capítulo voy a insistir mucho en el tiempo, porque es un elemento crucial para concretar tu plan.

3. Fija meta y objetivos

La meta se refiere al lugar al que quieres llegar, y los objetivos son los pasos específicos para conseguirlo. Por el momento, solo abordaré la primera, pues en la siguiente sección profundizaré en cómo proponerte objetivos eficaces. Al plantearte tu meta, considera tu experiencia, los recursos con los que cuentas, tus habilidades y el tiempo que tienes disponible. No quieras ser el mejor guitarrista de la historia en un año sin haber tocado una sola nota en tu vida. Muchos renuncian a mitad del camino porque sus expectativas eran desmedidas. Pero no me malentiendas, no digo que no sueñes en grande, más bien, evita agobiarte. Sé ambicioso, sin dejar de ser realista.

4. ¿Qué necesitas?

Haz una lista de los recursos con los que cuentas en este momento y cuáles requieres para cumplir tus objetivos. Incluye clases, equipo especial (calzado deportivo, algún instrumento musical, programas de cómputo, etc.), un espacio adecuado y todo aquello que necesites para realizar tus actividades.

5. **Identifica tus limitaciones**

Todos tenemos alguna carencia o área que no es nuestro fuerte. No hay por qué avergonzarse de ello. Al contrario, lo mejor es identificar y atender esas limitaciones, para que más adelante no sean obstáculos en nuestro camino. Después de que ubiques esas áreas, piensa cómo puedes fortalecerlas. Si no se te dan las finanzas, por ejemplo, lee o toma clases sobre la materia.

Con estas bases para elaborar tu plan, ahora revisemos cómo plantearte objetivos sólidos que te permitan alcanzar tu meta. Los objetivos eficaces son peldaños que te ayudarán a ascender en la escalera al éxito.

EL ÉXITO ESTÁ EN LOS DETALLES

Cuando entré en la selección nacional de clavados, mi manera de entrenar y mis resultados cambiaron. Antes de formar parte del equipo infantil y juvenil, confieso que no siempre entendía lo que hacíamos. Pero con la selección teníamos una planeación que hacía que cada aspecto en el que trabajábamos se reflejara en la fosa de clavados.

Además de la técnica de nuestra especialidad, también nos ejercitábamos en fuerza, velocidad y otros aspectos importantes. Cada día era un reto. La competencia con los de mi equipo no solo era en el agua, sino en la pista de atletismo y en el gimnasio. Queríamos ser más rápidos y agregar más peso a lo que levantábamos. Cada detalle importaba y le daba sentido a nuestro entrenamiento, porque, al final, todo era para mejorar.

Esa forma de prepararme la he puesto en práctica en distintos aspectos de mi vida, y ahora deseo compartirla contigo. Para que los objetivos de tu plan sean efectivos, siempre ten en cuenta los siguientes criterios: que sean específicos, medibles, alcanzables y con un tiempo definido.

Sé específico. Visualiza qué quieres. En la planeación de tus objetivos, describe exactamente lo que quieres conseguir, de ese modo le das estructura a tus sueños. Aquí, entre más detallado seas, mejor. Que no te dé miedo pedir.

La idea es plantearte un camino con las paradas adecuadas para llegar adonde quieres. Esto aplica para el deporte, los negocios, tus pasatiempos e incluso el amor. Por ejemplo, cuando me preparo para una competencia, sé que debo alcanzar cierto puntaje para pelear por las medallas. Por eso debo conseguir los puntos necesarios con cada clavado para estar entre los primeros lugares. Esto me permite planear mi entrenamiento, definir cuántas horas de repeticiones debo cubrir, cuánta fuerza debo tener, entre otros aspectos.

Este principio también me ayudó en otro momento de mi vida, en algo que no hubiera sospechado. Hace tiempo terminé una relación sentimental y una psicóloga me sugirió elaborar una lista en la que detallara cómo me gustaría que fuera mi siguiente relación. Años después encontré la lista y me di cuenta de que la mayoría de las características que anoté coincidían con la relación actual que tengo con mi esposa. Y, créeme, no fue magia.

Los detalles le ayudan a la mente a crear escenarios y a identificar lo que tienes que hacer. Estás visualizando tu recorrido y te imaginas en el momento de la acción. Por eso, entre más vívidos sean los pormenores, la experiencia será más real. Con la visualización, tu cabeza interpreta que ya está sucediendo lo que buscas. Y, a la vez, te preparas para enfrentar distintos escenarios, de modo que las situaciones no te tomen por sorpresa.

Las visualizaciones positivas atraen resultados positivos. Pero ¡cuidado! Lo mismo ocurre con lo negativo, así que presta atención a tus pensamientos.

Por último, recuerda constantemente tus objetivos. Pon imágenes o frases de lo que buscas en lugares estratégicos, como la pantalla de tu teléfono o en tu espejo. De esa manera, todo el tiempo le recuerdas a tu cerebro qué quieres. Forja tus objetivos, tenlos presentes y lucha por ellos.

Hazlo medible. **Cuando tus objetivos son cuantificables, puedes darte cuenta de qué tanto los estás cumpliendo.** Por ejemplo, a inicios de año mucha gente tiene el propósito de ponerse en forma. Pero, para de verdad cuidar tu salud y tu físico, además de ir al gimnasio o salir a correr, es importante que visites a un nutriólogo. Este especialista va a revisar tu peso y tus porcentajes de grasa, y esto te será útil para saber en dónde inicias tu camino hacia una vida *fit*. Con estos datos, en tu segunda visita puedes saber si hubo un avance o un retroceso. Hay veces que el peso es el mismo, pero al revisar con cuidado la información, puede que hayas sustituido la grasa por músculo. Eso hace toda la diferencia.

Medir te permite saber objetivamente cómo están las cosas. Si quieres escribir, plantea tus objetivos en función de los párrafos o páginas que puedes avanzar por día o a la semana. En los deportes, el cronómetro y las pesas son herramientas que te permiten identificar tu desempeño. Tus ingresos mensuales son otra forma de proyectar tu rendimiento.

Tu ascenso no debe basarse en corazonadas o en adivinar si lo estás haciendo bien. Acostúmbrate a buscar evidencias para progresar.

Que sea alcanzable. Proponte objetivos realistas. Recuerda, esto no significa que dejes de soñar o que no pienses en grande. Más bien, plantéate objetivos basados en tu contexto y en lo que has venido trabajando. En el fondo, solo es cuestión de ser congruente con lo que quieres y haces.

En mi caso, sé que puedo aspirar a una medalla de oro en clavados en Juegos Olímpicos. No es sencillo, pero lo puedo conseguir porque llevo una vida entregada a este deporte y constantemente ocupo los primeros lugares cuando compito con los mejores del mundo. Sería muy distinto si quisiera lograr lo mismo en básquetbol en las próximas olimpiadas. De hecho, sería imposible. Para empezar, me falta estatura, no he desarrollado las habilidades necesarias y me faltaría tiempo para realmente dominar ese deporte. Puedo quererlo, pero mis condiciones son un obstáculo. A eso me refiero con algo alcanzable.

Sin embargo, no permitas que tu crítico interior limite tus sueños. Si mi máximo objetivo de niño hubiera sido ser campeón estatal, no habría pasado de ahí. Pero desde un inicio quise ser de los mejores del mundo y llegar a Juegos Olímpicos. Los grandes sueños te motivan a alcanzar metas extraordinarias. ¡Nunca lo olvides!

Define tus tiempos. En pocas palabras, ponle fecha a tu proyecto. **A cada objetivo que definas, dale un plazo de cumplimiento y respétalo.** Si no, la vida te va a pasar de largo y no vas a dar siquiera el primer paso. El cambio que quieres y tus aspiraciones exigen que no pospongas. Evita los pretextos: no dejes las cosas que te importan para "mañana".

Somos propensos a postergar lo que no nos gusta, lo que nos aburre, incomoda o causa temor. Pero siempre será mejor actuar cuando te toca; hacerlo hoy, no mañana. De ese modo tienes más tiempo para corregir errores y ajustar tu estrategia, en caso necesario.

Hay un clavado que me da mucho miedo, aunque sea uno de mis mejores. No obstante, en los entrenamientos empiezo con él, y luego el resto de mis clavados se vuelve más sencillo. Para prepararme, la noche anterior me duermo más temprano, ceno ligero y busco estar bien descansado. Cuando llega el momento, ya estoy mentalizado.

La ventaja de ponerte tiempos es que tienes un marco de referencia para saber si has avanzado o estás estancado. Si quieres cantar ópera, pero luego de cinco años sigues desafinando desde la primera nota, y ya probaste de todo para mejorar, créeme que es hora de tomar una decisión. Aunque sea difícil. Al final, no pasaste esos años preguntándote si tenías el talento, simplemente lo hiciste.

Por otro lado, recuerda que la mayoría de nuestras actividades están organizadas a partir de fechas y horarios. Esto nos permite ordenar nuestras tareas y enfocar nuestros recursos y nuestra energía. En mi caso, conozco el calendario anual de competencias y sé cuándo tengo torneos nacionales y en el extranjero. Lo anterior me facilita planear mi entrenamiento para llegar en mi mejor momento a cada competencia.

Al determinar los tiempos de tu plan, te estás preparando para lograr la vida que quieres. Así que deja de darle vueltas, y ponle fecha y hora a tu éxito.

PEQUEÑOS LOGROS, GRANDES VICTORIAS

A todos nos emociona el momento en que el capitán de nuestro equipo favorito levanta la copa de campeón, cuando le ponen la medalla al ganador o al enterarnos de las fortunas de empresarios como Bill Gates y Elon Musk. Lo que rara vez notamos es que esas conquistas no ocurrieron de un día para otro, sino que son el resultado de pequeños logros cotidianos.

El éxito no es un golpe único de suerte y genialidad, proviene de las victorias diarias que vamos sumando en nuestro camino. Es cuando por fin te sale un movimiento que llevabas semanas practicando, es el problema que pudiste resolver luego de varios intentos, es el segundo que descontaste al cronómetro, o bien, el cigarro que dejaste de fumar y que después se convirtió en una cajetilla menos. Estos logros diarios nos motivan a seguir adelante, pues refuerzan nuestra confianza y nos muestran que somos capaces de conseguir lo que nos proponemos.

El camino hacia nuestra meta lo construimos con constancia y pequeños logros, pero también con infinidad de fracasos. Equivocarte una o más veces no significa que tu proyecto no va a funcionar, al contrario, los errores y las decepciones son parte del proceso.

Hay un temor generalizado a fracasar, pero esto solo ocurre cuando sucumbes a la frustración y te das por vencido. Por eso necesitas reconocer tus pequeños logros, pues te brindan una dosis constante de motivación y fortaleza interior. Son pruebas de tu progreso. Y si además utilizas recordatorios de la meta que persigues, con imágenes y frases que te animan a triunfar, ten por seguro que cada día te vas a levantar entusiasmado y con energía para luchar por el premio mayor, es decir, por la vida que sueñas.

Por último, recuerda que la práctica hace al maestro. Nada nuevo o que valga la pena sale a la primera, así que acostúmbrate a repetir y ensayar distintos caminos hasta que domines lo que quieres. Para perfeccionar un clavado hay que repetirlo miles de veces. Te caes, te pegas, te enojas, pero tarde o temprano mejoras. Lo mismo sucede en otros deportes, en el baile, la ciencia, las artes y en cualquier actividad que se te ocurra.

La práctica es un espacio necesario para aprender y darle forma a lo que buscas. Imagina que tienes que dar un discurso. No es lo mismo que te avisen dos minutos antes de subir al estrado, que tener meses para prepararlo. Si no eres un orador nato, te puedes equivocar al leer y quizá el tono de tu voz sea plano y sin emoción. En cambio, cuando practicas, tu acentuación y ritmo van a ser impecables y tus movimientos van a apoyar cada frase que digas. Y, al escucharte, sin duda la gente va a quedar conmovida.

Ahora que tienes las bases para plantear tus objetivos, decídete y actúa. Empieza por desarrollar tu plan, pero, sobre todo, llévalo a cabo. Y si las cosas no resultan como esperas, haz los cambios necesarios y sigue adelante. Siempre será mejor arriesgarte y fallar a quedarte con la duda de lo que podrías conseguir. Tal vez lo has escuchado hasta el cansancio, pero eso no le resta verdad.

INSPÍRATE

Las listas son herramientas muy útiles para visualizar distintos aspectos de lo que buscamos. Además, recuerda que entre más detallada sea la visión de lo que queremos, para nuestro cerebro se vuelve más real. Así que, para que el proyecto que has decidido emprender tenga más fuerza y sea más concreto, te propongo el siguiente ejercicio.

Haz una lista de lo que quieres y no escatimes en pormenores. Es tu momento de pedir y permitirte soñar, ¡entonces hazlo en grande!.

En una segunda columna, vas a enlistar las conductas que debes ajustar, los nuevos conocimientos que tienes que aprender o los hábitos negativos que debes dejar atrás.

En resumen, la primera columna es para que escribas lo que quieres y, la segunda, lo que debes hacer para conseguirlo. No olvides que es maravilloso soñar, pero también es tu responsabilidad hacerlo realidad. ¡Así que a trabajar!

Copia este modelo en una libreta o utiliza la aplicación de texto que mejor te acomode. Te sugiero que tengas la lista visible, para que te motive todos los días.

¿Qué quiero?	¿Qué debo hacer?
Meditar todos los días para encontrar mi paz interior.	- Investigar lugares, aplicaciones o páginas de internet donde pueda aprender las bases de la meditación.
	- Ser constante y sentarme a meditar por lo menos tres veces a la semana durante diez minutos.
	- Acondicionar un espacio en casa, silencioso y tranquilo.
	- Ser paciente con mi progreso, porque deseo ser constante.

NO OLVIDES QUE...

⇨ Planear te permite anticiparte a las situaciones y te enfoca en lo que debes hacer.

⇨ Las actividades que describas en tu plan deben ser útiles y responder a tus necesidades y contribuir a tu crecimiento.

⇨ Para desarrollar tu plan, considera cinco pasos: escríbelo, define para qué lo quieres, fija metas y objetivos específicos, determina qué necesitas e identifica tus limitaciones.

⇨ Sé específico en tus objetivos y visualiza con precisión qué quieres.

⇨ Haz medibles tus objetivos para que tengas pruebas de tu progreso. Acostúmbrate a trabajar basándote en evidencias.

⇨ Proponte objetivos realistas, basados en tu contexto y en lo que has venido trabajando.

⇨ Ponle fecha a cada objetivo que definas y respeta los plazos.

⇨ El éxito no es un golpe único de suerte, es la suma de nuestras victorias diarias.

⇨ Los errores y decepciones son parte del proceso, así que permítete equivocarte y aprende de lo que no salió como esperabas.

⇨ Nada nuevo sale a la primera. Acostúmbrate a practicar y corregir hasta que domines lo que quieres. Recuerda que la práctica hace al maestro.

CAPÍTULO

3

Vence
el miedo

DÉJAME CONTARTE

Llevo más de 25 años compitiendo en clavados. En este tiempo he tenido que superar bastantes obstáculos, reponerme de lesiones y golpes fuertísimos, además de enfrentar muchos miedos. Pero hay un clavado que me da pavor, aunque curiosamente sea el mejor de mi repertorio. Se llama tres vueltas y media de holandés. Consiste en dar dicha cantidad de vueltas en el aire viendo hacia el frente, pero girando hacia atrás.

Al principio me daba un golpe tras otro, abdomen y espalda, abdomen y espalda. **Uno de los retos de este deporte es subirte de nuevo a la plataforma o al trampolín y repetir el clavado hasta que te salga bien, a pesar del miedo.** Cuando por fin lo dominé, comencé a tener los resultados que buscaba en los torneos.

Dos días antes de comenzar a competir en los Juegos Centroamericanos de 2002, salí muy cerca de la plataforma de diez metros y le pegué con la punta del pie. Eso bastó para desorientarme en el aire y caer al agua de panza. El golpe me noqueó y los paramédicos me sacaron de la fosa inflamado, con heridas y el pie hinchado.

Sin embargo, en cuanto me estabilizaron, mi entrenador dijo que debía hacerlo otra vez: "Si no, te va a dar miedo". Aumenté gradualmente la altura de salida hasta que recuperé la confianza. Descansé al siguiente día para reponerme de los golpes. Luego fue la competencia. Quedé en segundo lugar.

No sufrí otro accidente igual, pero a partir de entonces le tuve un gran respeto al clavado. Años después, cambié la plataforma por el trampolín. En uno de mis entrenamientos de 2018, el miedo regresó con tal fuerza que empecé a evitar mi clavado estrella. Busqué justificarme diciendo que no pasaba nada, pues solo era uno de varios que debía trabajar, pero terminé luchando con él toda la temporada. Normalmente me enfoco en lo que tengo que hacer y no me complico. Sin embargo, ese pequeño temor se convirtió en algo mayor.

Entrené. No dejé nada al azar con ese clavado. Cada parte la preparé a conciencia, pero seguía sin confiar plenamente en mí. Cuando llegué a la copa del mundo me dijeron que ese era el primero que debía hacer. Era consciente de que se trataba de mi mejor clavado, y los demás entrenadores y competidores también lo sabían. Internamente, sin embargo, me repetía que lo iba a hacer mal y me iba a golpear. Me bajé del trampolín y le dije a mi entrenador que no me sentía bien, que estaba seguro de que me iba a accidentar de nuevo. Esa noche fue de mucha frustración y enojo conmigo mismo, pues había dejado que el temor le ganara la partida a mi capacidad y experiencia.

Al día siguiente, subí al trampolín decidido a ejecutar el clavado. Y lo logré. Gracias a ese pequeño triunfo personal pude tranquilizarme y ganar otra competencia internacional más adelante.

En 2019, mi entrenador estaba resuelto a que superara mi miedo. Sin embargo, fue tanto el trabajo que hicimos y la obsesión por vencerlo que, en lugar de dominarlo, aumentó. El clavado ocupaba mis pensamientos e incluso me despertaba alterado en mitad de la noche cuando me tocaba hacerlo. Me sentía muy frustrado en los entrenamientos y los sufría, a tal punto que sentía ganas de llorar por la desesperación. Lo peor es que cada vez que me pegaba practicándolo, el miedo se volvía más real.

Los clavados no se tratan solo de saltar y dar vueltas en el aire. Hay pasos y movimientos precisos que debes hacer para que todo salga bien. Debes moverte con soltura pero concentrado, firme pero no rígido. Normalmente programaba mi mente para que mi cuerpo respondiera, pero en esa temporada mi estrategia no estaba funcionando. Un clavado no sale si estás chueco, duro o nervioso. Y si, además, tienes un miedo enorme a golpearte, lo más probable es que ocurra.

Llegué al único torneo de 2020 arrastrando ese temor. **Mi miedo era grande, pero mi compromiso y gusto por competir eran mucho mayores.** Dos días antes, practiqué el clavado. Me enfoqué en la ubicación de mi cuerpo y las vueltas, pero no en la salida. Así que al saltar del trampolín lo hice muy cerca y terminé pegándole con los antebrazos. La velocidad del golpe me los adormeció y me hundí en el agua. La gente que estaba en la piscina se alarmó.

Por fortuna, el accidente no pasó a mayores, pero sentía una enorme vergüenza y mucha rabia. Salí del agua, aparté a quienes me rodeaban y me subí de nuevo al trampolín. No me iba a rendir. Repetí dos veces el clavado, y en ambas me salió bien. El día de la competencia hice las tres vueltas y media de holandés sin contratiempos. No fue perfecto, y la verdad es que tampoco me importó mucho. Para mí, lo más valioso fue encarar ese miedo profundo, a pesar del dolor y la frustración, a pesar de los años. Porque, al final, logré vencerlo.

Decidí compartirte esta experiencia que me atormentó durante mucho tiempo porque en tu camino al éxito inevitablemente vas a enfrentar distintos miedos.

Pero el problema no es sentirlos ni que en ocasiones te dominen. Se convierten en un problema cuando dejas de levantarte después de una caída, cuando no vuelves a intentarlo luego de una decepción.

En las próximas páginas te compartiré varias técnicas y estrategias que me ayudaron a sobreponerme a mis temores. Confío en que también te ayudarán a superar tus miedos y dudas, para que nada te impida triunfar y construir la vida que buscas.

LAS DOS CARAS DEL MIEDO

El miedo está presente en diferentes momentos de nuestras vidas. De hecho, es una emoción que aparece cada vez que enfrentamos una situación nueva, incierta o que nos pondría de algún modo en riesgo. Si hoy superaste un temor, lo más seguro es que mañana debas encarar otro y, al día siguiente, otro distinto. Es una realidad en los deportes, los negocios, el amor y en cualquier contexto que imagines.

Sentir miedo es parte de lo que nos hace humanos y no hay nada de malo en experimentarlo. Es una respuesta que nos alerta sobre situaciones potencialmente peligrosas. Si caminas solo en la noche en un barrio desconocido, vas a sentir miedo. Si estás en el campo y de pronto ves un toro que empieza a trotar hacia ti, ten por seguro que también lo vas a sentir. La finalidad de esta reacción es ayudarnos a sobrevivir.

Frente a una amenaza, tus sentidos se agudizan y te vuelves sumamente cauto porque tu cerebro está evaluando la respuesta más adecuada para ponerte a salvo. En realidad, el miedo tiene mucho que aportar a tu vida si aprendes a manejarlo a tu favor. Créeme, es mejor que sea tu aliado a que forme parte del equipo rival.

Con una buena actitud y las estrategias adecuadas, no tienes por qué caer en un temor paralizante. Al contrario, puedes convertir ese miedo en una herramienta que sume elementos positivos a tu arsenal ganador, como la atención a los detalles, la cautela, el autocontrol y conocer tus límites.

Los clavados son un deporte de mucho riesgo debido a la altura y la velocidad con las que caes. Con esas condiciones, estrellarte en el agua sería como chocar contra una pared. Esa es una de varias razones por las que hay que entrenar tanto, porque los errores son muy dolorosos y pueden ser fatales. Sin miedo en este deporte, habría muchos accidentados e incluso muertos.

Ahora bien, no todos los miedos son iguales. Para mí, hay dos clases: el positivo y el negativo. Quiero empezar con el segundo, que es el que te paraliza y debemos evitar. Este tipo de temor no nace de un peligro real sino de una amenaza imaginada. No es consecuencia de un hecho, como que un perro furioso te viene persiguiendo para morderte; más bien, es la historia que te cuentas sobre la mascota del vecino que se va escapar de casa para atacarte en cuanto te descuides. Date cuenta de que la mayoría de nuestros miedos son así.

Las historias que nos llegamos a contar pueden ser tan convincentes, en especial cuando se trata de crear escenarios terribles, que acabamos bloqueándonos. Si no nos damos cuenta de que son espejismos, nuestro cerebro los interpreta como un peligro real y sufrimos por algo que es posible que ni siquiera ocurra.

Una primera clave para no caer en el miedo negativo está en dejar de alimentar los pensamientos fatalistas que lo sostienen. Se dice fácil, pero requiere trabajo. En la siguiente sección te compartiré herramientas que te ayudarán a enfrentar esta clase de temores.

La otra cara es el miedo positivo. Es el que te avisa de un posible riesgo y alerta tus sentidos, sin abrumarlos. Te dice que está sucediendo algo incierto y es mejor estar atento, por ejemplo, cuando te proponen un negocio arriesgado, cuando entras a un nuevo puesto o te mudas a una ciudad distinta. Por eso, lo mejor que podemos hacer es aprender a escucharlo. Las señales que te da esta clase de temor son para que tomes tus precauciones.

Esta cautela te permite evaluar la situación para que encuentres la mejor respuesta y te advierte sobre los detalles que debes considerar. A partir de ahí puedes poner a prueba la circunstancia, para ver si de verdad es un peligro.

Supongamos que en un café ves a alguien que te gusta y le quieres hablar. Tu temor inmediato al rechazo te lo impide, y encima ya imaginaste las diez formas en las que te va a decir que no, cada una peor que la anterior. Pero ¿qué pasaría si, en lugar de fantasear con escenarios terribles, solo observas el comportamiento de la persona? Quizá notes que no espera a nadie, tampoco lleva prisa y luce relajada. Incluso te percatas de que también te ve. Si no te levantas de la silla e inicias la plática, no vas a saber si en algún momento saldría contigo. El "no" ya es tuyo, en especial si no te mueves de tu lugar. Pero si das el paso, aun con miedo, podrías ganar el "sí".

En la vida romántica y en cualquiera de nuestros proyectos, la mejor forma de superar el miedo es actuar. Si no lo enfrentas, no sabrás si era real o ficticio. En la siguiente sección voy a profundizar en las estrategias para que lo consigas.

DA EL SALTO

Enfrentar tus miedos suele ser un proceso gradual. No es algo que se resuelva de golpe o de la noche a la mañana.

Hace falta aprender a trabajar la confianza. Por ejemplo, de niño empecé lanzándome del trampolín de un metro. Cuando gané seguridad, me subieron al trampolín de tres metros y luego a la plataforma de siete, hasta llegar a la de diez. Al aumentar la altura, también aparecían nuevos temores que debía superar. Lo mismo pasaba con las vueltas en el aire: comencé con una y entrené hasta llegar a las tres y media. Cada giro venía acompañado de frustración, golpes y miedo. **El reto en nuestro camino de crecimiento es ir más allá del temor que nos limita.** Hoy trabajamos en un aspecto, mañana en otro, y así vamos avanzando, paso a paso.

En mi trayectoria, he aprendido e incorporado distintas estrategias para afrontar mis temores y quiero compartirlas contigo. Confío en que te serán de gran utilidad y que formarán parte de tu arsenal ganador.

Obsérvate

Identifica qué piensas y sientes cuando enfrentas una situación que te atemoriza. Todos hemos pasado por experiencias difíciles o dolorosas que influyen en nuestra forma de responder a la incertidumbre y los desafíos. Y, en ocasiones, no nos damos cuenta de que esas vivencias forman telarañas en nuestra cabeza que nos impiden ver las circunstancias con claridad.

Supongamos que tuviste una pésima experiencia laboral y que, desde entonces, desconfías de tus habilidades. Incluso puede que te haya cerrado varias puertas porque estás proyectando una imagen temerosa en las entrevistas o con tu actual jefe y tus compañeros. Eso, a la larga, te puede acarrear aún más dificultades.

Para trabajarlo, haz un examen de conciencia. Observa tus reacciones y lo que piensas en esos momentos de gran inseguridad. Escucha qué te dices y con qué tono te hablas. Estas pistas te ayudarán a ubicar los puntos que debes atender. Si te da por huir de los riesgos, detente y empieza a aventurarte poco a poco en aquello que te intimida. Si eres tu juez más severo, dedícate frases de aliento al levantarte, para que vayas cambiando la crítica por palabras que te motiven.

Prepárate

Hay miedos que nacen de las malas experiencias del pasado y otros surgen de temer lo que traiga el futuro. En los primeros, no puedes cambiar lo que ya ocurrió y, en los segundos, lo que imaginas ni siquiera ha sucedido. En realidad, lo único que tienes es lo que vives hoy, en este momento.

Del pasado puedes aprender y analizar los errores que cometiste, mientras que el futuro te permite prever. Ambas posibilidades, sin embargo, solo se vuelven reales en el presente. Y lo mismo ocurre con la confianza, solo la puedes construir con lo que hagas aquí y ahora.

Si te da miedo reprobar, pero estudias unos minutos cada día, difícilmente te va a angustiar un examen, porque estarás preparado. De lo contrario, te esperan nervios, desvelos y abundantes jarras de café. **Lo que hagas hoy te brindará la oportunidad de vencer tus temores día a día con la fuerza de la constancia.** No es una cuestión de velocidad, sino de perseverancia. Tampoco es magia, sino trabajo duro y dedicación.

Dimensiona tus errores

Tenemos una tendencia a prestarle más atención a las malas experiencias que a nuestros aciertos. Si tuviste uno o más descalabros dolorosos en tu proyecto, tu vida profesional o en alguna actividad que te apasiona, tal vez temas continuar, porque no quieres sentir de nuevo la decepción y el fracaso. De hecho, hay mucha gente que abandona lo que ama tras sufrir un duro golpe, ya que, como es algo tan significativo, lo vive como una verdadera tragedia.

Pero ¿qué pasaría si esos momentos desafortunados en realidad son bendiciones disfrazadas? Cuando no salen las cosas como esperabas, tienes la posibilidad de revisar lo qué pasó, analizar por qué salió mal y luego corregirlo. No es un triste desenlace, sino otra oportunidad para llegar con más fuerza adonde quieres.

Las equivocaciones pueden abrumarnos, pero son parte del proceso para conquistar la cima. Cuando un clavado me daba problemas, mis entrenadores me preguntaban cuántas veces lo había practicado. Mi respuesta era que miles. Enseguida averiguaban en cuántas ocasiones me había pegado o lastimado al ensayarlo. Si eran unas treinta o cuarenta veces, era mucho. Entonces me di cuenta de la desproporción entre un puñado de malos clavados y la gran cantidad de aciertos. **Cuando eres consciente de tus logros, tu perspectiva cambia.**

Enfócate

Atiende las actividades cotidianas que puedes manejar en tu día a día. De esa forma, en lugar de que tu mente esté ocupada elaborando historias escabrosas, estarás plantado en el presente venciendo poco a poco tus temores.

Al entrenar clavados que me desafiaban emocionalmente, me concentraba en aspectos muy sencillos, como sentir el trampolín bajo mis pies, notar el peso de mi cuerpo, cómo este respondía a mis instrucciones, qué músculos apretar, cuánto impulso tomar en el salto y otros detalles similares.

Además, las correcciones de mis entrenadores me ayudaban a enfocarme en otras partes que debía cuidar. Con el tiempo, notaba la mejora, me sentía satisfecho con la ejecución y el temor perdía fuerza. Recuerda que las grandes victorias se construyen todos los días con pequeños logros.

Pide ayuda

Hay una creencia muy arraigada de que uno puede vencer solo cualquier situación. En ocasiones puede que sea así y que baste con algo de voluntad y disciplina. Pero otras veces la situación es tan grande que te rebasa.

Pedir ayuda no tiene nada de malo. Algunos piensan que es un signo de debilidad o de impotencia, pero me parece que es todo lo contrario. **Reconocer nuestros límites es el primer paso para superarlos.** Si necesitas apoyo, acércate a personas preparadas que cuenten con las herramientas profesionales y la experiencia para abordar tu conflicto.

Una buena orientación y acompañamiento pueden hacer toda la diferencia.

Disfruta

Parece obvio, pero a menudo olvidamos que el placer es un componente importante de lo que hacemos y nos apasiona. Nos enfrascamos en alcanzar el éxito y conseguir nuestros objetivos, pero con el tiempo puede ganarnos el tedio. Y así perdemos de vista el gozo, que es un motor muy potente.

No niego que hay momentos pesados, cansados y monótonos. Pero considéralos como parte del ascenso a la cúspide. Si ya empezaste o estás por comenzar lo que te apasiona, disfrútalo. Acepta lo que estás viviendo y no te preocupes por los reveses ni los resultados. Los frutos llegarán como consecuencia de tu constancia.

Si tienes miedo a fallar, ¿qué es lo peor que podría pasar? ¿Se te va a caer un dedo, la pierna o un brazo? Créeme que no. De momento puede que te gane la decepción, pero te vas a reponer. Así que mejor pásatela bien, aprende y enfócate en lo que tienes en frente.

SÉ FLEXIBLE

Un temor muy común consiste en creer que si las cosas no suceden como esperamos, el camino se acaba. Si te cambias de trabajo y no funciona, piensas que no encontrarás otro mejor; si terminas una relación de pareja significativa, imaginas que no hallarás de nuevo el amor; si pasas por una mala racha, temes que el resto de tus días también irán cuesta abajo. Nuestros miedos nos hacen concebir escenarios dramáticos. Sin embargo, déjame recordarte que las situaciones cambian, que la vida sube y baja, va y viene.

En el peor de los casos, si después de mucho insistir las cosas no funcionan y sigues topando con pared, quizá necesites considerar otro camino. Cuando has hecho todo lo que está en tus manos y la vida te dice que por ahí no es, ¿por qué no buscar una opción distinta que te permita cumplir tu objetivo? Eso, al final, es lo que importa.

El ascenso al éxito exige flexibilidad para probar otros rumbos. Lo fundamental es llegar al punto que te planteaste, aunque eso implique replantear tu estrategia.

En la competencia para calificar a los Juegos Olímpicos de Londres probé un clavado nuevo con un grado de dificultad mayor. Aún me faltaba pulirlo, pero decidí arriesgarme. En mi segundo turno, abrí el cuerpo antes de tiempo y caí de panza en el agua, completamente horizontal desde la plataforma de diez metros. Fue un golpe tan duro que el centro acuático enmudeció. Mientras me hundía, supe que mis esperanzas olímpicas habían terminado.

A pesar del dolor, decidí hacer un último clavado. Aunque mis posibilidades eran escasas, no quería terminar la competencia de esa manera. No obstante, al subir la escalera, comencé a dudar. Tenía miedo, no solo del clavado que me tocaba ejecutar, sino de todo, en especial de sufrir otro golpe. Cada escalón era una tortura. Llegué a la orilla de la plataforma, me paré de manos y ejecuté un excelente clavado. Fue una gran sensación de alivio terminar la competencia aún con el miedo y el dolor del golpe.

No calificar me desmoronó emocionalmente. Sin embargo, desde hacía algún tiempo consideraba la posibilidad de cambiarme a trampolín después de las olimpiadas de 2012. La transición no era fácil, pues implicaba una preparación muy distinta. Además, no tenía el respaldo ni de mi entrenadora ni de las autoridades.

Nadie me podía asegurar que mi decisión fuera la correcta, pero de lo que sí estaba seguro era de que no quería dejar los clavados y que deseaba seguir ganando.

En la plataforma ya no podía aumentar mi grado de dificultad; en el trampolín, en cambio, podía ser bastante competitivo si entrenaba. Al año siguiente, en 2013, gané medalla mundial en clavados sincronizados en trampolín con mi compañero Jahir Ocampo. De ahí en adelante, mis mejores resultados han sido en esta modalidad, además de que pude prolongar mi carrera.

A veces, el panorama parece no tener muchas opciones y debes arriesgarte, a pesar del miedo y de no tener la seguridad de que las cosas saldrán como esperas. Es un salto de fe en ti mismo, pero si quieres triunfar, tienes que darlo.

Da los pasos necesarios y no te agobies antes de tiempo por los resultados. Lo importante es que avances, el resto llegará en su momento. Piensa en los tiburones, que jamás se detienen. Si dejan de nadar, se hunden y mueren. En ese sentido, sé como estos fantásticos animales y tú tampoco pares. Ten tus objetivos en mente y trabaja día tras día para conseguirlos. Una vez que des el primer paso, continúa y ten la apertura para experimentar otros caminos en caso de ser necesario.

Por último, no temas correr riesgos. Hay situaciones que te exigirán luchar por tus sueños y no debes dar marcha atrás. Quema las naves, como dice la expresión. Aunque se atribuye al conquistador Hernán Cortés la maniobra militar de incendiar los barcos para obligar a sus soldados a no rendirse, la estrategia la implementó Alejandro Magno varios siglos antes. Sus tropas eran superadas en número por el ejército fenicio y ya se imaginaban derrotados, incluso antes de desembarcar. En cuanto pisaron tierra, el rey mandó quemar los barcos y les dijo a sus soldados que la única forma de regresar a casa era en las naves de sus enemigos. El resto es historia. Como la historia de éxito que poco a poco comienzas a escribir.

Hay situaciones que te
exigirán luchar por tus sueños
y no debes dar marcha atrás.

INSPÍRATE

Una de las maravillas del cerebro es que lo puedes programar para tu beneficio. Con el entrenamiento adecuado, puedes darle instrucciones precisas que te ayudarán a enfocarte en tus tareas, en lugar de estar alimentando tus temores.

La idea es que te concentres en lo que debes hacer y no en que te salga perfecto. Pero ¡ojo! Le debes dar instrucciones exactas, como a una computadora. Decirle que ejecute un "clavado perfecto" no sirve, más bien, dale detalles, como "sube las piernas en un ángulo de 45 grados, baja los brazos y pega la barbilla al pecho en la primera vuelta".

Para que la programación sea más efectiva, visualiza lo que quieres hacer, respira profundamente y hazlo. Repite las veces que sea necesario hasta que alcances los objetivos que persigues.

Si tu propósito, por ejemplo, es aumentar la cartera de clientes para tu negocio, prueba escribir un guion con argumentos de venta para tus llamadas por teléfono e imagina la situación a detalle. En tu guion incluye una brevísima presentación de quién eres y qué beneficio le estás ofreciendo a tu cliente potencial. Piensa qué tono de voz usarás, qué palabras son las más adecuadas y adelántate a sus preguntas y posibles objeciones. Lo anterior te permitirá crear un escenario realista para enfrentar tus nervios o el temor al rechazo.

Haz la prueba y, sobre todo, ¡sal a ganar!

NO OLVIDES QUE...

⇨ Los miedos no se superan a la primera y de forma definitiva. Es un proceso que se trabaja día a día para fortalecer la confianza.

⇨ El miedo negativo es paralizante. El miedo positivo te avisa de los riesgos y te alerta sin abrumarte.

⇨ Identifica tus pensamientos y sentimientos frente a situaciones que te atemorizan, para que veas las circunstancias con claridad.

⇨ Lo único que tienes es lo que vives hoy. Tu confianza solo la puedes fortalecer con lo que hagas aquí y ahora.

⇨ Solemos prestarles más atención a las malas experiencias que a nuestros aciertos.

⇨ A veces las situaciones nos rebasan y requerimos ayuda. Una buena orientación y acompañamiento pueden hacer toda la diferencia.

⇨ El placer es un componente importante de lo que nos apasiona y no hay que perderlo de vista.

⇨ Es común pensar que si las cosas no suceden como esperamos, el camino se acaba. Pero recuerda que las situaciones siempre cambian y que la vida sube y baja, va y viene.

⇨ Sé flexible y prueba caminos distintos.

⇨ Arriésgate, a pesar del miedo y de no tener la certeza de que las cosas saldrán como quieres. Da el salto y confía en ti.

CAPÍTULO

4

Maneja las expectativas

DÉJAME CONTARTE

Para mí, nunca hubo conflicto entre entrenar y estudiar. No creía que estuvieran peleados, aunque sin duda mis tiempos eran distintos a los de mis compañeros. Recuerdo una ocasión en la que tuve que salir de clases para ir a competir y un profesor de la primaria me dijo: "O el deporte o la escuela". Era cierto que entre más me adentraba en los clavados más debía ausentarme, pero para mí el estudio nunca estuvo en tela de juicio.

Era un buen alumno. Además, solía competir con mi hermano y si él sacaba diez en alguna materia, yo no podía quedarme atrás. Lo suyo eran los estudios y el ajedrez, actividad en la que fue campeón nacional. En mi caso, logré mantener calificaciones altas al terminar la primaria y en los siguientes grados. En mi cabeza nunca hubo un dilema entre la escuela y el deporte, pero sí implicó retos importantes para organizar mis tiempos y responsabilidades.

Mis papás nos inculcaron que la escuela era un salvavidas, o bien, era como estar asegurados frente a lo que nos deparara la existencia. Sabían que amaba los clavados y no les importó tocar cientos de puertas para conseguir los apoyos que necesitaba para competir. Lo que no imaginaban era que algún día iba a vivir de lo que me apasionaba.

A pesar de haber hecho carrera en el deporte, desde chico supe que debía tener una profesión. Pero concluir la licenciatura fue un proceso que me exigió años de disciplina y tenacidad, para no perder de vista mi objetivo de lograr una buena educación. Para cualquier estudiante de este nivel, la carga de trabajo es demandante, y para el deportista de alto rendimiento la agenda también es sumamente estricta. Ahora combina ambos mundos y el camino se vuelve una odisea.

Mi día iniciaba temprano para ir a entrenar. Al terminar la jornada en el gimnasio y la fosa, me iba deprisa a la universidad. Eran tres horas de clase en las que quizá me estaba muriendo de hambre y cansancio, o en las que hubiera querido dormir, pero decidía comprometerme con la materia. Después de una hora de regreso a casa, llegaba a cenar, terminaba pendientes y luego a la cama. Y a la mañana siguiente repetía el ritual. Así de lunes a viernes.

Cuando no era temporada de competencias, metía dos o tres materias, pero si era época de torneos, debía conformarme con una. Si tenía que salir de la ciudad o del país, era común verme estudiando con libros y cuadernos o haciendo tareas en el primer tiempo libre que tuviera.

A diferencia de lo que hubiera creído, en realidad esta dinámica me ayudaba a despejarme. Mi prioridad entonces era competir y ganar y, en lugar de estar pensando todo el tiempo en clavados, la escuela se convertía en una válvula de escape. Los exámenes y las entregas eran una presión extra que me ayudaba a aligerar la presión principal. Por otra parte, estas responsabilidades no solo me permitieron enfocarme mejor, sino que me convirtieron en alguien más eficiente y eficaz en el uso de mi tiempo. No podía darme el lujo de estudiar para un examen o dejar un trabajo para una noche antes, por lo que debía dosificar bien mis actividades y tareas.

Lo que aprendí fuera de la escuela también lo llevé al salón de clases. No llegaba con la intención de distraerme, iba a prestar atención y a tomar notas. En el periodo de exámenes me concentraba en estudiar, repasaba en los trayectos rumbo a la escuela y llegaba un poco antes a la universidad para una última ojeada a los apuntes. **Las películas están llenas de estereotipos de excelentes deportistas que eran pésimos estudiantes. Nunca quise que fuera mi caso.** Si no tenía que salir de la ciudad, siempre evitaba faltar a clases y procuraba cumplir a como diera lugar. Es cierto que no había mucho glamour en esta rutina, pero lo importante era avanzar con mis estudios.

Con el correr de los años vi pasar a varias generaciones, e incluso a amigos, que se graduaban antes que yo, lo que hacía que me preguntara cuándo iba a terminar la carrera. El deseo de aprender y tener buenos resultados no ocultaba el fastidio y el cansancio que de pronto me invadían.

Me tomó ocho años, pero finalmente lo conseguí. No tienes idea de la felicidad que me dio haber concluido ese reto con un buen promedio. Además, tuve el honor de dar el discurso de graduación.

Cuando terminé, pensé que ya no iba a estudiar nada más, sin embargo, me inscribí a la maestría tres años después. Me di cuenta de que necesitaba seguir preparándome y aprendiendo, porque si en un futuro aspiro a algo grande fuera del deporte, debo tener las herramientas para alcanzarlo.

Lo que aprendí en el aula fue valioso, pero lograr administrarme con tanta eficacia a pesar de la presión fue una enseñanza que no se mide con números, sino con satisfacción. Los desvelos se tradujeron en buenas notas y, el esfuerzo, en crecimiento.

La presión y las expectativas forman parte de iniciar un proyecto, hacerlo crecer y mantenerlo en la cima. En este capítulo quiero presentarte herramientas prácticas para que nada obstaculice tu desarrollo y puedas seguir conquistando tus sueños.

No te pongas el pie

En el capítulo anterior te hablé del poder de la mente para crear escenarios terribles cuando tienes miedo. Ahora le toca el turno a las historias que nos contamos para sentir esperanza cuando vivimos algo incierto, como una nueva relación, iniciar un negocio o competir en un torneo.

La expectativa es un relato sobre lo que deseas que suceda, como formar una familia con la persona con quien empezaste a salir, que tu empresa prospere o levantar la copa de campeón. Pensar que esos deseos van a cumplirse nos impulsa y motiva, pues nos dan una sensación de logro y certeza.

Deseamos ser felices, queremos superarnos, ser reconocidos en lo que hacemos y, en general, buscamos tener bienestar en nuestras vidas. Para eso trabajamos, aprendemos y nos preparamos. Pero en ocasiones perdemos la brújula cuando esas historias reconfortantes tienen más peso que la realidad. Y si no se cumplen como esperamos, vienen las desilusiones, nos invade la tristeza o incluso corremos el riesgo de deprimirnos.

Las expectativas pueden venir del exterior o de nosotros mismos, y si no sabemos cómo manejar la presión

que las acompaña, vamos a terminar poniéndonos el pie solos. Para evitarte muchos tropiezos y frustraciones innecesarias, quiero compartirte estas cuatro sencillas estrategias.

1. **Identifica el origen**

   ¿Cuál es la fuente de la presión que sientes? ¿Proviene de ti o de quienes te rodean? Tus proyectos y objetivos pueden despertar el entusiasmo de los demás y, quizá, sin darse cuenta, depositan sus esperanzas en ti. En mi carrera deportiva, la presión suele venir de entrenadores, compañeros de equipo, autoridades, familia y público, pero principalmente de mí mismo. Darme cuenta de sus expectativas me ha permitido separar lo que otros esperan y opinan de aquello que solo me corresponde a mí. No puedo cambiar lo que otros desean, pero sí mi forma de responder a ello.

   Cuando haces esa distinción, te quitas un gran peso de los hombros, pues dejas de abrumarte por lo que escapa de tu control y te haces responsable de lo que sí está en tus manos. Si estás por hacer algo que te importa y te sientes estresado, date unos minutos en silencio para identificar qué te corresponde y haz algo al respecto.

2. Explora tus respuestas

¿Cómo reaccionas cuando tus planes no salen como esperabas? ¿Explotas, te juzgas severamente, sientes ganas de renunciar? **Muchas veces, nuestras reacciones nos impiden ver con claridad lo que salió mal y, por tanto, dejamos de hacer los ajustes que necesitamos.** Esas respuestas se activan en automático cuando las cosas no resultan como queremos. De niño solía estallar cuando perdía en las competencias, y aderezaba mi frustración con gritos y quejas. Años después, todavía me enojo, pero también he encontrado la manera de que esa molestia me motive preguntándome qué salió mal y cómo puedo corregirlo.

Entre más te conoces, aprendes a manejar de forma más atinada tus respuestas frente a la presión, así como a reconocer las emociones y pensamientos que rodean tus expectativas. Haz la prueba de llevar un registro de tus reacciones durante el día por una semana. Ponerlas por escrito te ayudará a hacerlas conscientes y a no actuar en automático.

3. Contrasta con la realidad

¿Lo que anhelas es congruente con tu situación actual? Por ejemplo, si estás iniciando tu negocio, ¿imaginas que en cuanto abras las puertas de tu local la gente va a abarrotarlo y tus problemas financieros se van a terminar? Si es así, lo más aconsejable es que te des la oportunidad de revisar tus ilusiones. Considera si la gente de alrededor te ubica, si tienes presencia en internet para tener mayor exposición, si elaboraste un plan de negocios sólido o si solo te dejaste llevar por el entusiasmo. Créeme que no busco desalentarte, más bien busco que no te dejes llevar solo por tus deseos, pues el golpe puede ser muy doloroso. Para saber si es verdad lo que te digo, te invito a que analices tu contexto actual y lo compares con la imagen que tienes en tu cabeza. Personalmente, creo que para llegar lejos en lo que sueñas necesitas una buena dosis de ilusión, agregar una cantidad generosa de ambición y, por último, añadir una porción significativa de realidad.

4. Haz un inventario de tus expectativas

¿Tienes claro qué deseas y por qué? Aunque parezca lo contrario, a menudo ignoramos las expectativas que nos mueven. Y si no las conoces, ¿entonces cómo puedes saber qué está en tus manos, cuánto tiempo te tomaría cumplir lo que buscas y qué debes hacer para conseguirlo? En cambio, cuando tienes claras tus expectativas es más fácil descartar lo que no te corresponde, establecer prioridades y fijarte objetivos. En mi caso, **sé que me gusta ganar, pero también reconozco que el deporte me apasiona y por ello he podido tener una carrera larga.** Sé que nunca lo he hecho por dinero o fama, aunque gracias a los clavados he recibido incontables beneficios por los que estoy agradecido. Esa claridad me ha permitido tener los pies bien plantados en la realidad y mejorar con los años.

Te sugiero que busques un espacio tranquilo en casa o en algún lugar donde te sientas cómodo y elabores un pequeño inventario de tus ilusiones y deseos. Presta atención a las imágenes que te vienen a la cabeza cuando piensas en los sueños que quieres alcanzar, identifica qué quieres conseguir, para qué y qué ocurriría si las cosas no resultan como esperas. Eso pondrá en primer plano los anhelos que normalmente están de fondo y que pueden estar afectando tus decisiones y resultados. Este pequeño inventario te será de gran ayuda al momento de plantearte tus objetivos o revisarlos.

LAS TRAMPAS DE LA PERFECCIÓN

Entre 2006 y 2007 me empeñé en defender los títulos que había ganado en los años anteriores. Estaba determinado a hacer incluso más de lo necesario, por lo que si me pedían diez clavados, hacía 15 o 20, por ejemplo. Quería pulir mi técnica, tener más fuerza y que las cosas me salieran bien. No obstante, ese afán de perfección también provocó que poco a poco dejara de disfrutar mis entrenamientos, que me sintiera más y más frustrado y que me enojara cada vez que no lograba lo que me había propuesto. Lo peor fue que, en un punto, dejaron de darse los resultados. Querer hacer bien las cosas es muy distinto a obstinarte en que sean perfectas. Y si llegas al extremo de rechazar todo aquello que no coincida con tu ideal, en lugar de elevar la calidad de tu desempeño, caerás en lo contrario, en la ineficiencia, la culpa y en una autocrítica excesiva.

Por un lado, vas a tardar más tiempo en cumplir con tus tareas porque nada será suficiente y querrás rehacer las cosas hasta que queden como deseas (y quizá tampoco eso baste). Por otra parte, esa autoexigencia puede hacer que postergues constantemente tus actividades debido a la ansiedad que acompaña a tus altísimas expectativas. Otras conductas nocivas del perfeccionismo incluyen:

⇨ Obsesionarte con los errores.

⇨ Tener esperanzas desmedidas.

⇨ Ignorar tus límites.

⇨ Exagerar la autodisciplina con estricta rigidez.

⇨ Tomar decisiones con dificultad y necesidad de controlar las cosas.

⇨ Juzgarte con severidad y constante insatisfacción.

⇨ Albergar poca tolerancia a los cambios y a la frustración.

Aunque la meta que quieres alcanzar sea muy importante y uno de tus motores, también es fundamental que no pierdas de vista tu realidad actual y lo que has logrado hasta ahora. **Si solo persigues la medalla que está al final del camino, vas a perderte la mejor parte, que es el recorrido en sí mismo.**

Las vivencias y los obstáculos les dan sabor a tus proyectos y son los que te comunican cuáles son tus fortalezas, capacidades y áreas que debes trabajar. Pero ¿cómo las puedes apreciar si no te permites cometer errores o no valoras tu experiencia por estar viendo lo que no tienes o por compararte con los demás?

Algo que me ayudó a modificar mi perspectiva fue aprender a estimar las dificultades, los tropiezos y el esfuerzo. Me refiero a las horas dedicadas a aprender y mejorar. Fueron los golpes los que me ayudaron a corregir un detalle, las lesiones las que me fortalecieron y la frustración de repetir un movimiento hasta que lograba el resultado. Sin obstáculos, ¿cómo puedes saber cuánto has crecido en tu actividad y como persona? Créeme que hay un sabor muy especial en conquistar algo que creías insuperable.

Esta tendencia al perfeccionismo, además, puede eclipsar dos aspectos muy importantes en tu camino al éxito: la gratitud y la pasión. Cuando un ideal te ciega, acumulas una insatisfacción que te impide apreciar y agradecer tus condiciones actuales. En realidad, no todos gozan de circunstancias favorables para perseguir sus objetivos, ya sea por falta de apoyo, recursos, salud e incluso comida y un techo. Si los tienes, agradece tu fortuna y, si no, considéralos obstáculos que le darán valor a tu recorrido.

Por otra parte, acuérdate de que cuentas con un talento que quieres desarrollar y una pasión que te impulsa. Entonces, disfruta lo que haces. Busca la forma de que el proceso sea ameno, desde experimentar nuevas formas de realizar tus tareas o cambiar de ambiente de vez en cuando, hasta probar detalles agradables, como poner música que te gusta, cantar o bailar. **No olvides que depende de ti gozar lo que haces o convertirlo en una carga.**

Una herramienta que aprendí de niño para enfocarme y no perderme en preocupaciones y dudas es la técnica de la mochila. Me ha acompañado desde entonces y con el tiempo la he refinado para que me ayude a manejar la presión y a despejar mi mente cuando necesito concentrarme.

Tenía como ocho o nueve años cuando llegué muy afligido a una práctica. Mi primer entrenador de clavados,

"Wayo" Eduardo Martínez, me llamó para preguntarme qué tenía y le conté mis penas de ese momento. Me recordó que los clavados son un deporte de riesgo y que debía concentrarme. Si pensaba en otra cosa, me iba a lastimar. En ese momento me dijo que imaginara que llevaba puesta la mochila de la escuela y que ahí metiera todo lo que me molestaba, incluidos mi enojo y tristeza.

Enseguida me preguntó si iba a poder entrenar con la mochila puesta. Le respondí que no, porque me iba a estorbar. Entonces señaló que era mejor quitármela, dejarla a un lado y dedicarme a practicar. De ese modo iba a estar más ligero, me concentraría mejor y me divertiría en el entrenamiento. "Cuando salgas, me dices qué vas a hacer con ella", agregó. Al terminar la práctica, ya no quería la mochila. Porque lo que creía que era un problema enorme en realidad no lo era.

En la vida adulta, la mochila de expectativas, preocupaciones y miedos sin duda es más pesada que la de un niño, pero te aseguro que, aun así, te la puedes quitar un rato para enfocarte en la actividad que tienes enfrente. Y cuando termines, podrás atender tus pendientes con la mente mucho más clara.

La mochila te permite encargarte de lo que en verdad está en tus manos y pone en perspectiva lo que va más allá de este momento o de ti. **Aprende a restarle peso a tus historias y a ocuparte de lo que tienes aquí y ahora,** para que tu relación con la vida sea más ligera y transparente.

REGÁLATE UN DULCE

Las esperanzas y expectativas nos presentan realidades maravillosas que queremos vivir. No obstante, si estas no se traducen en objetivos que te conduzcan a la acción, no pasarán de ser meras fantasías, y el despertar puede ser muy frustrante y doloroso.

Los objetivos claros son una brújula que te orientará para llegar adonde quieres, pues te permiten visualizar el recorrido y planear la ruta y las estrategias más eficaces para conseguirlo. Son tan importantes que les dediqué un capítulo completo, y también por eso los menciono constantemente. En cambio, cuando solo te dejas llevar por tus expectativas, no hay algo concreto que te guíe, pues únicamente se basan en anhelos y deseos.

Pero ¡ojo! No es que las expectativas y los objetivos estén peleados. Al contrario, en múltiples aspectos son complementarios. Las primeras te animan a levantar el vuelo, son el futuro al que aspiras; los segundos te aterrizan en el presente, donde tomas impulso para despegar. El puente que los conecta es la acción y el trabajo.

En mi experiencia, una forma de que se complementen es verlos como pesos en una balanza que voy equilibrando. **La expectativa está más relacionada con el placer y el objetivo con el deber.** A veces una pesa más que la otra, ya sea porque en ese momento necesitas motivarte, o bien, porque requieres enfocarte. Cuando sabes lo que requieres y usas adecuadamente estos contrapesos, tu rendimiento entra en armonía, ya que no caes en las trampas de la perfección ni en las redes de la inacción.

Con la licenciatura, por ejemplo, aprendí a echar mano de ambos para concluir mis estudios. Como te conté al inicio del capítulo, no veía el final de la carrera. Al ver la lista de materias, creía que me iba a tomar 20 años terminar. El deber me decía que no me rindiera y que me concentrara en terminar lo que ya había empezado. En otros momentos empleaba la expectativa y me imaginaba graduado. Ese anhelo me recordaba mi avance y me hacía apreciar el camino recorrido. De esa forma, en lugar de abrumarme porque me faltaban 40 materias, pensaba: "Qué bien, ya cursé 20". Ese cambio de perspectiva hacía toda la diferencia.

Otra estrategia es ampliar tus intereses. Concentrarte en alcanzar tus objetivos es fundamental para triunfar, pero también puede ser agobiante si no tienes otras actividades que disfrutes y compensen la presión. La diversidad enriquece tu panorama y te brinda otras satisfacciones. Recuerdo varios momentos en los que me pesó ir a la universidad, pero tener la oportunidad de hablar con mis compañeros y profesores de temas distintos al deporte, de escuchar sus conocimientos y opiniones sobre el trabajo o la economía, por ejemplo, ampliaban mi panorama y me levantaba el ánimo. Esos intercambios me daban un respiro que me permitía seguir enfocado en el deporte.

Los pasatiempos son otra manera de enriquecer tu actividad principal. Son un modo de salir de la rutina haciendo algo que también te agrada. Si te gusta jugar básquetbol, no tienes que ser el próximo Michael Jordan, basta con que te des unas veces a la semana para tomar el balón e ir al parque. Si algo he aprendido es que no todo en la vida es ser productivo. En muchas ocasiones, pintar, tocar el piano o bailar nos equilibra, y esto nos ayuda a fluir mejor, lo cual se traduce indirectamente en una mayor productividad, pues estamos en calma y satisfechos.

Incluso las pequeñas cosas pueden darnos momentos importantes de felicidad. Regálate diez minutos en la mañana para disfrutar tu café. Siéntate junto a la ventana y observa cómo humea la taza, percibe el olor y bébelo a sorbos lentos. Vas a ver que esas satisfacciones cotidianas le dan mayor color a tu día.

Siéntete agradecido por la oportunidad que te da la existencia de hacer realidad tus sueños. Levanta la mirada del libro un momento y piensa en todos los aspectos positivos que te rodean. Es más, te invito a que integres este sencillo ejercicio a tu rutina en cuanto te despiertes. Abre los ojos y agradece por un elemento de tu vida, ya sea tu pareja, tu familia, tus amigos, tus proyectos o lo que quieras. Créeme que iniciarás el día con una profunda sensación de bienestar.

Por último, siempre busca regalarte un dulce. Uno de mis entrenadores, Jin Zhigang, a menudo me decía que terminara el día con algo agradable. Darme un dulce podía tratarse de hacer un buen clavado después de una mala racha o hacer algo que me divirtiera, como cantar. Termina tu actividad contento, para que al día siguiente la retomes feliz.

Y siempre recuerda encontrar el lado dulce de la vida.

INSPÍRATE

La respiración es una herramienta sencilla pero muy poderosa que tenemos a nuestra disposición en todo momento. Te puede tranquilizar o activar, según lo que necesites. La precisión en los clavados requiere que estés en un estado combativo óptimo, ni muy acelerado ni muy apacible. Y para llegar a ese estado no aprietas un botón y listo.

Cuando estás alterado o nervioso, tu corazón se acelera. Para calmarlo, inhala contando hasta cuatro, retén el aire y luego exhala contando hasta cuatro también. Lleva la cuenta mentalmente, porque si no, te vas a distraer pensando en que no pagaste la luz, se te olvidó darle de comer al perro o cualquier otra cosa. Incluso puedes visualizar el número mientras llevas la cuenta. Es importante que estés presente y concentrado en el aquí y ahora. Hazlo durante un minuto.

Si requieres lo contrario y necesitas elevar tu nivel de energía, respira rápidamente, con inhalaciones y exhalaciones cortas. La idea es que hiperventiles, como cuando haces ejercicio. Si estás en un lugar adecuado, trota un poco o camina. Y para estabilizarte, repite el ejercicio anterior de las respiraciones contando hasta cuatro.

Otra forma de modificar tu estado mental es inhalar viendo el aire que entra en tu cuerpo de color azul y, al exhalar, imaginarlo rojo. Esta técnica me la enseñó una amiga psicóloga que se llama Tzinnias Macias. Si no te funcionan esos colores, encuentra los que sean más efectivos para ti. La idea es que dejes entrar lo positivo y saques lo negativo. Este ejercicio, además de reducir tu frecuencia cardiaca, te afirma en el presente.

Para concluir, utiliza estos ejercicios cuando tengas problemas para dormir. Respirar contando hasta cuatro es particularmente efectivo. En lugar de preocuparte porque te tienes que levantar temprano, lo que solo empeora las cosas, mejor respira. Refuerza el efecto con música relajante o meditaciones guiadas. Sin darte cuenta, te vas a quedar bien dormido.

NO OLVIDES QUE...

⇨ Las expectativas son historias que nos contamos sobre lo que deseamos que suceda.

⇨ El problema surge cuando las expectativas tienen más peso que la realidad.

⇨ Entre más te conoces, manejas mejor tus respuestas frente a la presión, al reconocer las emociones y pensamientos que rodean tus expectativas.

⇨ Busca confrontar constantemente tus expectativas con la realidad.

⇨ Identifica tus imágenes mentales cuando piensas en los sueños que quieres alcanzar.

⇨ Hacer las cosas bien es muy distinto a obsesionarte con que sean perfectas.

⇨ Los obstáculos te comunican cuáles son tus fortalezas y capacidades, además de las áreas que debes fortalecer.

⇨ Las expectativas y los objetivos se complementan, ya que unas te motivan y los otros te hacen ocuparte del aquí y ahora.

⇨ Amplía tus intereses para enriquecer tu panorama y tener otras satisfacciones. Los pasatiempos, por ejemplo, son un modo de aligerar la rutina con algo que te agrada.

⇨ Nunca olvides encontrar el lado dulce de la vida.

CAPÍTULO

5

La actitud
lo es todo

DÉJAME CONTARTE

Hace unos años me invitaron a visitar a los niños del hospital de oncología de Yucatán, mi estado natal. Acepté sin pensarlo. Me gusta apoyar distintas causas, en especial si se trata de niños en dificultades. El cáncer es una batalla que están enfrentando a muy corta edad y quería ayudar y animar a estos pequeños para que siguieran luchando.

Una noche antes de asistir, me percaté de que no sabía qué decirles. Los signos de la enfermedad y del tratamiento son duros y no me parecía adecuado preguntarles directamente: "¿Cómo estás?". **Quería llevarles algo de alegría, pero no tenía claro cómo compartirla con ellos.**

Llegué al hospital feliz pero nervioso. El proceso para entrar a la sección infantil requería cuidados especiales, ya que primero te desinfectan, te ponen cubrebocas, gorro quirúrgico y los típicos uniformes azules de los médicos. Cuando entré al pasillo, imaginé escenas desoladoras. Doblé a la derecha con cierta inquietud y, al final del corredor, me encontré a Yackie, una linda niña de siete años de edad.

Las huellas del tratamiento eran evidentes: lucía muy delgada, tenía ojeras y había perdido el cabello. Sin embargo, su sonrisa luminosa iba de oreja a oreja. Su alegría me tomó por sorpresa y de inicio no supe cómo reaccionar, pero de inmediato sentí el efecto de su felicidad y comencé a reírme con ella. De alguna forma me había dado la bienvenida para convivir con el resto de sus compañeros.

Era noviembre de 2015 y ese año gané medalla de oro en los Juegos Panamericanos. Varios niños me reconocieron, pues me habían visto en televisión y se alegraron cuando les hablé acerca de las competencias. No tardaron en sentirse a gusto conmigo y al poco tiempo comenzaron a mostrarme sus juguetes, los dibujos que estaban coloreando y los papeles de colores que recortaban y pegaban.

Me sentía muy contento de poder convivir con ellos, pero no ignoraba que algunos se sentían mal, ya que acababan de recibir la quimioterapia. Es duro ver que los pequeños la pasan mal, pero pronto empecé a ayudarlos a ellos y a sus mamás en lo que podía. También tuve oportunidad de hablar con ellas y de animarlas. Sus hijas e hijos eran verdaderos campeones que estaban dando una gran lucha. Me di cuenta de que no solo los niños padecen la enfermedad, sino toda la familia.

Antes de irme, fui otra vez con Yackie, que estaba pegando papeles de colores en un dibujo. Había algo especial en ella y en la energía que transmitía. Nos quedamos conversando un rato más y acabó regalándome un árbol de navidad hecho con papelitos verdes.

Al salir del hospital, sabía que acababa de hacer una nueva amistad y, sobre todo, me llevaba una lección de vida importante. Estaba pasando por un periodo emocional complicado, pues acababa de terminar una relación sentimental larga y tenía la presión de la próxima copa del mundo de clavados y de calificar para las olimpiadas. Estaba inmerso en mis problemas y creía que la situación no iba a mejorar. Sin embargo, ella y los otros niños lucían felices, a pesar de que pasaban por días y noches de enorme incomodidad y dolor debido a los rigores del tratamiento. Le sonreían a la vida, aunque se encontraba en juego para ellos.

Me fui contento del hospital. Había ido a compartir mi alegría y a animarlos, pero quien salió motivado fui yo. **Me enseñaron que está en nosotros darle significado a las circunstancias y, para mí, ese era el mejor ejemplo de una mentalidad positiva.**

En el proceso de ir a la copa del mundo, la federación internacional multó a México y no podíamos usar la bandera, el uniforme ni el himno nacional. Fue algo muy lamentable y triste, pero la imagen de Yackie sonriéndole a la adversidad me ayudaba a poner las situaciones en perspectiva. Todo tenía mejor cara. ¿Y sabes algo? Ese año fui campeón mundial.

Cada vez que iba a Mérida, pasaba a visitar a Yackie. También la vi cuando pasó una temporada en un hospital en la Ciudad de México. Después de un tiempo regresó a Yucatán y estuvo presente cuando le pusieron mi nombre al centro acuático. Tengo un álbum de fotos con ella y ayudé a recaudar fondos para su tratamiento.

Además, quise premiarla como la campeona que era y porque sentí que fui campeón mundial gracias al mensaje que me dejó: sonríe y sigue adelante. Es una forma de ver la vida que se quedó conmigo y que a la fecha me gusta compartir.

Desafortunadamente, mi angelito dejó este mundo tres años después. Su familia decidió que pasara sus últimos días con ellos y no en un hospital. Sus tratamientos fueron difíciles, pero nunca la vi triste y su sonrisa siempre la iluminaba.

La historia de Yackie refleja las ganas de luchar y no rendirse. Es un ejemplo de una actitud triunfadora frente a las dificultades. Muchas veces pasamos por alto el hecho de que tenemos todo para lograr lo que queremos. Ya que preferimos creer que no hay remedio y que somos incapaces de conseguir lo que nos proponemos, que el universo está en nuestra contra o que, sencillamente, la gente no nos entiende.

En este capítulo te voy a demostrar que, más que los obstáculos, lo que cuenta es tu actitud para ir detrás de lo que anhelas. Esta es una de las claves más importantes para triunfar.

EL CRISTAL CON QUE TE MIRAS

La actitud es una especie de filtro emocional que ilumina, empaña u obscurece tu modo de percibir las situaciones. Es lo que te hace ver problemas donde otros ven oportunidades o lo que te impulsa en lugar de paralizarte. Pero este prisma emocional no se limita solo a tu manera de percibir las circunstancias, sino que influye enormemente en cómo las afrontas.

Ahora bien, tus actitudes no están grabadas en piedra para toda la eternidad. Al contrario, son un hábito mental que creaste con los años y que puedes modificar con paciencia y constancia. ¿Por qué digo que son un hábito? Porque son una tendencia a reaccionar de un modo positivo o negativo de acuerdo con cómo te ves a ti mismo. Estamos acostumbrados a actuar en función de nuestras experiencias, de lo que pensamos de nosotros y lo que creemos merecer. Y la autopercepción tiene mayor peso del que imaginas.

Hagamos un experimento muy sencillo. Presta atención a tu diálogo interno cuando te miras en el espejo. ¿Qué te dices? ¿Te sientes feo, te disgusta tu cuerpo, crees que eres tonto? Eso que te dices repercute directamente en tu conducta, aunque no seas consciente de ello. Y si a diario te descalificas, vas a acabar asumiendo esas duras críticas y juicios.

Lo que piensas de ti, terminas reflejándolo.

Lee de nuevo la oración anterior. Si lees entre líneas, te darás cuenta de que tienes el poder de moldear cómo te percibes. Quizá no luzcas como una estrella de cine, pero ¿qué pasaría si en lugar de juzgarte y compararte cuando te ves en el espejo, te haces un cumplido? Identifica lo que te hace único y lo que te gusta de ti y dilo en voz alta todos los días. Te aseguro que en poco tiempo comenzarás a ganar confianza, a sentirte a gusto contigo y a ver las situaciones de forma positiva.

La actitud correcta te puede llevar más lejos de lo que imaginas. Te apuesto que en la copa mundial de clavados de 2016 todos los competidores entrenamos con la misma intensidad, sin importar si eran rusos, chinos o estadounidenses. Pero la diferencia para que yo ganara en esa ocasión fue la actitud. No estaba en un buen momento personal y era una época complicada de mi vida. Sin embargo, me sentía agradecido por la oportunidad de estar ahí y competir con los mejores, además de que mi objetivo era claro y estaba determinado a alcanzarlo.

Deseaba intensamente ganar y las dificultades no me iban a doblegar. Luché con todo por ese campeonato y, al final, lo conseguí.

Imagina que la actitud es una llave que te permite abrir o cerrar la puerta de las oportunidades. Con ella puedes transformar las circunstancias para tu beneficio o estancarte, superar las dificultades o hacer más grande un problema. ¿Qué llave quieres para tu vida: la positiva o la negativa?

La actitud está en todo lo que hacemos. Un ejemplo cotidiano es cuando te quedas atorado en el tráfico de la ciudad. Con la llave negativa enciendes el motor de la queja, te transformas en víctima y te pones de mal humor, insultas a diestra y siniestra, te abruma la tensión y la impaciencia. Con la positiva, en cambio, buscas aligerar el rato con la música que te gusta, estudias o escuchas un programa de radio o un podcast que te interesa. Incluso, puedes aprovechar el tiempo en adelantar mentalmente tus pendientes y visualizar soluciones, para que al llegar al trabajo sepas exactamente lo que vas a hacer.

Considera que hay situaciones desagradables que no podemos evitar o actividades que no nos gustan, pero que debemos hacer. Entonces, ¿qué llave eliges utilizar? Si optas por las malas caras, seguramente recibirás lo mismo de los demás. En cambio, una sonrisa sencilla puede aligerar el momento y las respuestas que recibas serán mucho más amigables. Lo que sucede en la vida diaria también aplica para tus proyectos: ¿son una fuente de inspiración y entusiasmo o los ves como una carga y un detonador de tu ansiedad?

Ahora quiero compartirte cinco consejos que te ayudarán a fomentar tu actitud positiva.

1. **Hazte responsable de tus acciones y pensamientos**
   Antes de reaccionar en automático a las circunstancias, detente un instante y elige cómo quieres responder. Tú tienes el poder de decidir.

2. **Da respuestas positivas**
   Crea un ambiente ligero desde que saludas a alguien. Sonríe, sé amable y no olvides el buen humor.

3. **Todo es para mejorar**
   En lugar de ver los cambios que llegan a tu vida como algo negativo, considéralos oportunidades para avanzar y crecer.

124

4. **Diviértete**

No me cansaré de recordarte que es importantísimo encontrar el lado agradable y placentero en lo que haces.

5. **Ejercítate**

La actividad física no solo contribuye a la salud de tu cuerpo, sino también de tus emociones. El ejercicio mejora el humor, es entretenido y fortalece tu confianza.

NO SIEMPRE GANA EL MÁS FUERTE

En 1992, Estados Unidos llevó a los Juegos Olímpicos de Barcelona al que se considera el mejor equipo de básquetbol de la historia. Aquel conjunto incluía a leyendas como Michael Jordan, Magic Johnson y Larry Bird. Además, era la primera vez que participaban jugadores profesionales de la liga más poderosa del mundo.

El dominio norteamericano fue absoluto en las olimpiadas. Después de eso, durante 20 años no perdieron un solo partido.

En el Mundial de Baloncesto de 2002, el equipo estadounidense no contaba con grandes nombres, pero seguía siendo el favorito para coronarse campeón. Por lo demás, tenía la ventaja de que el torneo se realizaba en su propio país.

Los norteamericanos no pasaron mayores apuros en los primeros partidos. En la segunda ronda, enfrentaron a la selección argentina, que no tenía estrellas, pero era un conjunto bien integrado y con hambre de ganar. El equipo sudamericano llegó a tener hasta 20 puntos de ventaja y, aunque los estadounidenses reaccionaron en el último tramo, parecía que la racha de 58 partidos sin perder estaba por terminar.

Los jugadores argentinos sabían remar contra la corriente. En el país no había una liga importante que los impulsara ni las instalaciones para crecer en el deporte. Los individuos más prometedores debían jugar en el extranjero para tener una oportunidad real.

En los minutos finales del partido, la celebración había iniciado en las tribunas del estadio y en la banca del equipo. El resultado era histórico y los jugadores cantaban, saltaban y agitaban sus toallas en señal de triunfo. Los espectadores argentinos lloraban de alegría. Habían logrado lo que parecía imposible: derrotar al coloso.

En los siguientes encuentros también vencieron a Brasil y a Alemania para llegar a la final contra Yugoslavia. Y aunque no lograron el campeonato, habían conseguido la hazaña de imponerse a un rival muy superior, que tenía todas las condiciones a su favor.

Dos años después, Argentina y Estados Unidos se volvieron a encontrar en las olimpiadas de Atenas. Se jugaban el pase a la final y la posibilidad de conquistar la medalla dorada. De nuevo los sudamericanos no eran los favoritos. Sin embargo, no solo derrotaron una segunda vez al llamado "equipo de ensueño", además se llevaron la medalla de oro.

La vida y el deporte están llenos de triunfos inesperados. Y la verdad es que no siempre gana el mejor, el más rápido o el más fuerte. La victoria es de quien la trabaja, de quien no se rinde y vence los obstáculos para alcanzar lo que quiere, ya sea un premio o hacer realidad sus proyectos.

La actitud ganadora implica dejar la reactividad a un lado y, más bien, adoptar un enfoque proactivo. Con esto me refiero a que dejes de responder a las situaciones sin una visión clara de lo que quieres, movido solo por lo que ocurre en el momento. Porque, en cambio, cuando eres proactivo buscas mejorar la circunstancia en la que te encuentras, sin quejas ni esperando que la solución te caiga del cielo. No necesitas que alguien más te diga qué hacer, actúas porque eso te acerca a tu objetivo. Para mí esa es la diferencia entre ser un campeón de la vida y limitarte a ver como se alejan tus sueños.

La actitud proactiva requiere aceptar lo que tienes enfrente para resolverlo de la mejor manera, aunque las cosas no sean sencillas. También implica dejar de compararte con los demás y sacarle provecho a tus herramientas, capacidades y conocimientos. Que no seas un experto en tu área no significa que sea inútil lo que sabes o que no puedas aprender algo nuevo. Deja de hacerte menos a ti y a tus circunstancias. Valora lo que tienes y sácale provecho, de lo contrario tus respuestas se van a basar en tus carencias, miedos e insatisfacción.

Ser proactivo exige hacernos responsables de lo que nos sucede y eso supone dejar de culpar al universo de todo lo malo y desagradable que nos ocurre. Si lo ves fríamente, en realidad te conviene más buscar soluciones que solo quejarte. En ambos usas la misma cantidad de tiempo y energía, pero poner manos a la obra es el paso necesario para resolver un problema. La queja, en cambio, no modifica el rumbo de la situación.

La confianza nace de la acción. Si no te mueves, si no insistes y te sobrepones a las dificultades, las oportunidades no van a llegar. Por eso, entre más haces, más crees en ti y en tus capacidades, y más motivado te sientes para seguir en tu camino de ascenso.

Yo puedo

Tal vez tengas un plan maravilloso, pero eso no significa que va a cumplirse tal como lo pensaste, pues las adversidades son inevitables. Sin embargo, evita usar las dificultades como pretexto cuando los resultados no se den como esperas. Los reveses pueden tener muchas causas, la mayoría seguramente válidas, pero el hecho puro y duro es que las cosas no se dieron como querías y es tu responsabilidad hacer algo al respecto. Cuando lo asumes y actúas con una actitud proactiva, plantas la semilla de la confianza en ti y en tus capacidades.

La pregunta que quizá ahora te hagas es: "¿Y cómo riego esa semilla para que florezca y dé frutos?". Una estrategia que suelo utilizar, sobre todo en competencias, es emplear frases que me empoderen. La que más uso es: "Yo puedo, es fácil, voy a lograrlo".

La repito constantemente, pero no me quedo solo en las palabras. La siento. Aunque es una herramienta muy sencilla, al mismo tiempo tiene una gran potencia porque me ayuda a concentrarme y a cortar los pensamientos negativos. Estas palabras me permiten enfocarme en el presente y me afirman que voy a vencer el reto que tengo ante mí.

Otra de las ventajas de esta estrategia es su flexibilidad, ya que puedes usar la frase que responda mejor a lo que necesitas. Repítela y deja que la seguridad recorra tu cuerpo mientras la dices. Utilízala cada vez que la necesites y vuélvela parte de tus hábitos positivos.

Una segunda estrategia consiste en ser tu principal motivador. En realidad, la motivación nunca viene de afuera. Tu familia, tus amigos o tu pareja pueden decirte que eres la más inteligente o el mejor en lo que haces, pero si no te la crees, no pasará de ser un simple comentario. La motivación nace de ti y de querer alcanzar tus objetivos. Es lo que te hace vencer el cansancio, superar la flojera y entregarte todos los días a lo que haces.

Una de las claves para mantener en alto tu entusiasmo y determinación es considerar que cada día es una aventura que te acerca a tu meta. Tanto los aciertos como los errores son parte del recorrido. Lo mejor es que aprendes de ambos. Y, si al final no sales victorioso, tu proyecto no funciona, el plan no prospera o la persona resulta no ser tu pareja ideal, créeme que en el fondo está bien. Por supuesto que los resultados son importantes, pero el proceso es lo que te brinda experiencia y te da la fuerza para levantarte e intentarlo otra vez. Nadie te puede garantizar que vas a conseguir lo que buscas, pero si te arriesgas y trabajas, las probabilidades de lograrlo aumentan. **Nuestros sueños son una apuesta. Ir tras ellos es parte de la aventura.**

La tercera estrategia que te quiero compartir es que no te rindas. No creas que porque iniciaste mal vas a terminar mal. Aférrate y dalo todo. En la ronda final de los Juegos Panamericanos de 2015 caí de espaldas en mi primer clavado. Como era el favorito, muchos me descartaron. En lugar de tirar la toalla, me enojé. Pero fue un enojo positivo que me ayudó a concentrarme y a remontar el resultado en los siguientes clavados para ganar la medalla de oro.

Quizá tus condiciones actuales no sean las mejores, pero eso no significa que no puedas cambiarlas a tu favor. Una activista que conocí del estado de Oaxaca me dijo que nuestro origen no define nuestro futuro ni nuestra vida. El trabajo, el esfuerzo y la determinación tienen un peso mucho mayor. Recuerda que el pasado ya quedó atrás y no lo puedes cambiar. Mientras que el presente es distinto porque es un cheque en blanco que el universo te ha puesto enfrente. ¿Lo vas a desperdiciar?

Un último comentario acerca de esta tercera estrategia tiene que ver con el miedo a equivocarnos. Muchos interpretan los errores como el final del camino y abandonan su proyecto antes de tiempo. Pero no tiene por qué ser así. Si crees en algo, lucha por ello y encuentra modos de hacerlo realidad. Si es una idea de negocio, por ejemplo, defiéndela, busca herramientas e información que te ayuden a mejorarla y, sobre todo, haz hasta lo imposible por concretarla. Varias empresas multimillonarias iniciaron así, con el sueño de un emprendedor en una sencilla cochera. Lo que las hizo grandes fue su actitud.

La cuarta estrategia tiene que ver con sumar los buenos momentos que surgen en el camino. Recuerda que nadie te asegura el resultado, así que no tiene sentido únicamente acumular angustia y sufrimiento en el proceso. Si llega el premio mayor, celébralo, pero no actúes movido solo por la recompensa. ¿Cuántas historias conocemos de personas que sacrifican familia, amistades y salud a cambio de comodidades y riqueza, pero la muerte los sorprendió? Lo peor es que ni siquiera tuvieron oportunidad de disfrutar aquello por lo que tanto lucharon.

Tu camino no está peleado con la posibilidad de compartir con los demás y ayudarlos a crecer contigo. Apoyar a otra persona no te resta, al contrario, te da la oportunidad de sumar experiencias y lecciones de vida. Además, es maravilloso rodearte de personas que nutran tu vida y de quienes puedes aprender. Y cuando no pasas por un buen momento, es un alivio tener gente que te tienda la mano, así como también es invaluable hacer lo mismo por un compañero en dificultades. De verdad creo que venimos a este mundo a formar una cadena de ayuda y gratitud.

La última estrategia consiste en preparar tu camino para que las cosas salgan bien. Es como limpiar el terreno para luego sembrarlo. Y si lo riegas y lo procuras de manera adecuada, tendrás una cosecha productiva. Así que ten claro en tu cabeza lo que quieres hacer, organiza los detalles y actúa. Si tienes una presentación importante, prepara con anticipación el material que vas a exponer, ten archivos de respaldo y practica lo que vas a decir. Lo que estás haciendo es crear escenarios para que los resultados sean positivos.

Los pequeños rituales también ayudan a generar una atmósfera favorable que transmite confianza. Cuando me subo al trampolín, por ejemplo, lo hago con el pie derecho y doy un paso fuerte. Ese gesto sencillo me ayuda a motivarme. Y si el clavado no me salió, hago un ligero cambio y me digo que va a ayudarme. Al final, son trucos con los que nos mentalizamos para crear nuestra suerte y cultivar una actitud ganadora.

No olvides que lo que proyectes con tu actitud, lo vas a recibir de vuelta. Así que **prográmate para ser el protagonista de tu éxito.**

Quizá tus condiciones actuales
no sean las mejores, pero
eso no significa que no
puedas cambiarlas a tu favor.

INSPÍRATE

Un truco que me ha funcionado para cultivar una actitud positiva es encontrar el lado luminoso en lo que otros consideran de mala suerte.

Supongamos que al levantarte en la mañana te pegas con la esquina de la cama en el dedo chico del pie. Además del dolor, da mucha rabia. Pero si comienzas a quejarte y encima piensas que todo lo que ocurra después va a estar mal, ten por seguro que te espera un largo día. Porque cuando vayas rumbo al trabajo, se te caerá el café en la camisa, el tráfico estará espantoso, te pelearás con tus compañeros de la oficina, no terminarás tus tareas de la jornada y luego discutirás con tu familia cuando llegues a casa. Lo que habías predicho se cumple. ¡Y vaya forma de terminar el día!

Ahora bien, ¿qué pasaría si cambias un pequeño detalle? Te pegas en el dedo chico, pero te dices que es de buena suerte y seguramente te va a ir bien. Esa manera de pensar va a cambiar la forma en la que vivirás tu día. Si también te toca tráfico, vas preparado con el podcast que querías escuchar y disfrutas el trayecto. Y aunque no pudiste evitar que se te cayera el café, no le das importancia a la mancha y, en realidad, nadie se fija en ella. Saludas a todos tus compañeros, bromeas con ellos y te sientes de buenas, lo que te ayuda a ser más productivo. Cuando llegas con tu familia, estás feliz por la jornada que tuviste. ¡Y ese es el final feliz de tu día!

No me cansaré de repetirte que depende de ti ser feliz, no de los demás. Tienes la capacidad de transformar las situaciones a tu favor, pero también en tu contra. Entonces, no le dejes esa decisión a alguien más. Ahora, ¡levántate y ve con todo!

NO OLVIDES QUE...

⇨ La actitud es un filtro emocional que condiciona tu modo de percibir las situaciones e influye en tu manera de afrontarlas.

⇨ Las actitudes son un hábito mental que nos llevan a responder de forma positiva o negativa en función de cómo nos percibimos y lo que creemos merecer.

⇨ Lo que piensas de ti lo reflejas, pero tienes el poder de cambiar cómo te percibes.

⇨ La victoria es de quien la trabaja y de quien vence los obstáculos que lo separan de lo que quiere.

⇨ Sé proactivo, evita las quejas y busca activamente resolver los problemas que se presenten.

⇨ La confianza nace de la acción y la responsabilidad.

⇨ Emplea frases que te empoderen, pues te ayudarán a concentrarte y a cortar los pensamientos negativos.

⇨ Ve cada día como una aventura que te acerca a cumplir tus sueños.

⇨ Suma los buenos momentos que aparecen en el camino y compártelos con los demás. Invita a la gente valiosa que te rodea a crecer contigo.

⇨ Prepara tu camino para que las cosas salgan bien. Ten claro qué quieres hacer, organiza los detalles, crea ambientes agradables y actúa.

CAPÍTULO

6

La receta de los campeones

DÉJAME CONTARTE

Cuando llegué a la Ciudad de México a integrarme al equipo infantil, el grupo ya llevaba seis meses de trabajo previo. La mayoría de los integrantes teníamos la misma edad, pero varios estaban más avanzados que yo en cuestión de técnica y coordinación, en especial las niñas. Sabía que yo tenía talento, pero al ver la destreza, la fuerza y el nivel de mis compañeros, me sentía rezagado. Me di cuenta de las diferencias que nos separaban en ese momento, pero no me desanimé. Al principio saltaba menos que los demás, así que me esforzaba en aumentar poco a poco la altura. Si nos hacían saltar tres colchones, por ejemplo, yo agregaba otro. Si teníamos que cargar peso, yo le subía uno o dos kilos más. Si había que hacer un salto o dar vueltas en el aire, ni siquiera lo pensaba y daba un extra. Con los meses, la brecha comenzó a cerrarse.

Al trabajar mis límites físicos, también empecé a superar los mentales y a confiar más en mí. Si a los demás les daba miedo ejecutar cierto clavado, yo no lo pensaba mucho y me lanzaba al agua. Y no es que no sintiera temor, más bien quería demostrarme que era capaz. Si me decían que no podía hacer cierto clavado, les respondía: "¿Por qué no?", y lo intentaba una y otra vez hasta que lo lograba. **Esos pequeños triunfos y satisfacciones me motivaban a seguir adelante y a buscar nuevas metas que cumplir.**

Me di cuenta de que si dedicas tiempo y energía a tu actividad, la que sea, los resultados llegan tarde o temprano. La constancia es muy poderosa. Incluso si al inicio no eres el mejor en lo que haces, con trabajo y compromiso créeme que no tardas en notar las mejoras. Cuando participé en el programa de baile sabía que estaba lejos de ser un buen bailarín. Sin embargo, al concluir mi participación, los avances eran evidentes. Había adquirido mayor soltura y sentía mi cuerpo más relajado. Los movimientos eran más fluidos y seguía sin problemas el ritmo con los hombros. Cuando terminé, tenía claro que no me iban a buscar para protagonizar un musical de Broadway, pero me sentía muy a gusto y satisfecho con la desenvoltura y cadencia que había conseguido.

En 2020 me puse a prueba nuevamente en un concurso de televisión, esta vez dedicado al canto. Siempre me ha gustado cantar, aunque soy terrible. Y como definitivamente no era mi fuerte, decidí tomar clases adicionales. La producción me había asignado un maestro, pero quise iniciar por mi cuenta con lecciones particulares para no llegar completamente en ceros. Conocía mis limitaciones y sabía que debía esforzarme bastante, porque además no quería terminar en último lugar. Es una regla básica en mi vida siempre dar el mayor esfuerzo.

En un momento llegué a tomar hasta cuatro horas de clases, que me ayudaron a entonar, modular la voz, subir y bajar los tonos. Aprendí que no es lo mismo cantar que gritar. Y no llegué a la final, pero terminé feliz con mi esfuerzo. Cuando comparé los audios de mis primeras canciones con las del final, escuché una diferencia abismal. La preparación y la constancia me habían permitido progresar más de lo que hubiera imaginado.

Desde niño supe que había gente y otros compañeros con más talento que yo, no solo en los clavados, sino en otros ámbitos de la vida. En la escuela podían tener mejor memoria o resolver problemas matemáticos con más facilidad. En el deporte, eran más rápidos, más fuertes y sabían ubicarse mejor en el aire. Algunos incluso tenían las condiciones ideales para ser verdaderas leyendas de los clavados. No obstante, quien dio resultados fui yo.

¿Por qué llegué a las medallas y no mis compañeros, que eran más prometedores? Cuando lo reflexiono, encuentro dos respuestas. Una tiene que ver con mi ética de trabajo y con que siempre voy detrás de mis objetivos. La segunda se relaciona con que no me hacía sentir menos que otros tuvieran más dones físicos y habilidades que yo. A la fecha aún me digo: "Yo también puedo". No es vanidad, sino afirmarme y confiar en mí. Desde niño sentía que mi talento era suficiente para conseguir lo que buscaba, el resto era trabajo para pulir los detalles que me permitieran ganar.

El talento y la suerte ayudan, pero por sí solas no bastan para llevarte a la cima. Que una vez te haya salido bien un negocio o hayas hecho una jugada que los dejó a todos con la boca abierta en un partido o hayas resuelto a la primera un problema complicado no quiere decir que sucederá todas las veces. La planta de tu talento requiere que la riegues todos los días. Y eso no significa que todo el tiempo vas a estar de ánimo para hacer las cosas, para salir a entrenar a pesar del frío o sentarte frente a la computadora a escribir tu obra maestra aunque estés cansado. Hacen falta determinación y otros ingredientes para cocinar el éxito que quieres saborear.

En este capítulo quiero compartirte mi fórmula del éxito. A estas alturas, incluso puede que la hayas ido descifrando y la estés poniendo en práctica. De lo que puedes estar seguro es que si acompañas tus capacidades naturales con la constancia, la paciencia y la disciplina, los resultados te van a sorprender.

LA FÓRMULA GANADORA: LOS CINCO PILARES

¿Te has preguntado qué tiene en común la gente exitosa que admiramos? ¿Por qué un artista es reconocido, cómo lograron un par de emprendedores cambiar el rumbo de la computación desde su cochera o qué hicieron deportistas como Jordan o Phelps para convertirse en leyendas? Quizá te sorprenda la sencillez de la respuesta, pues tiene poco que ver con la inspiración de las musas, un secreto milenario o un gen triunfador. De hecho, es tan simple y práctico que al concluir el capítulo podrías comenzar a llevarlo a la acción. Todo se resume en una fórmula ganadora basada en cinco pilares: trabajo, esfuerzo, dedicación, constancia y disciplina.

Para mí, nadie que haya logrado algo en la vida o haya cumplido sus sueños lo habría conseguido sin considerar estos pilares. Son el común denominador de la gran mayoría de las historias de éxito y sin ellos sería complicado cumplir tus objetivos.

Estos cinco pilares o valores son el vehículo que te conducirá al destino que te propusiste alcanzar y, si además te apasiona lo que haces, tu impulso para conquistar los desafíos que se presenten será mucho mayor. Revisemos ahora cada uno de ellos.

Trabajo

Los casos de éxitos gratuitos o accidentales suelen ser pocos y pasajeros. En cambio, detrás de los grandes resultados a menudo hay incontables horas de planeación, de errores y correcciones, de frustración y persistencia hasta que las semillas germinan y dan fruto. A este empeño le llamo ética de trabajo y es común en muchos empresarios de renombre, científicos que han contribuido a la humanidad con sus descubrimientos y artistas que nos han legado obras maestras.

La ética de trabajo básicamente consiste en que tus ideas sean congruentes con tus acciones. Si te dices emprendedor, pero tus actos no van más allá de soñar con los millones que quieres ganar, no has hecho tu plan de negocios ni estás enfocado en desarrollar lo que pretendes ofrecer, sospecho que andas por el camino equivocado. Tus propósitos requieren acción. Aunque, ¡ojo! No se trata de actuar por actuar. Aquí, de nuevo, salen a relucir los objetivos, pues ellos te permitirán identificar tus prioridades y darles seguimiento a tus acciones.

Pero además de los objetivos, considera los siguientes cuatro elementos para darle solidez a tu trabajo.

1. Compromiso

   En cada sesión que dediques a tu proyecto o a tus tareas, da lo mejor de ti. No basta con cumplir un horario ni con tener un desempeño mediano solo para salir del paso. Aspira a la excelencia y tendrás resultados excelentes. Recuerda que son tus sueños los que están en juego.

   Por otro lado, busca respetar las actividades y metas que te has planteado. **Cumple tu palabra de mejorar, aprender y crecer.** Es una promesa para ti, no para los demás. Si tienes horarios complicados, no los uses de pretexto para postergar tus proyectos. En lugar de eso, haz ajustes y destina un horario que estés seguro de poder cubrir.

2. Responsabilidad

   Hazte cargo de tus decisiones, acciones y resultados. Asume los errores que hayas tenido y no te escudes en ellos para estancarte o evitar los cambios. Recuerda que las equivocaciones son experiencias valiosas de aprendizaje que te ayudarán a no tropezar dos veces con la misma piedra. Sobre todo, no caigas en la trampa de culpar a los demás ni a las circunstancias. Si iniciaste algo, termínalo. Ten el hábito de no dejar las cosas a medias. Y si necesitas dividir la tarea en partes, hazlo. Lo importante es que tu avance no se interrumpa. Esto incluye llevar a cabo tus planes, no faltar a tus entrenamientos, acudir a las juntas, entregar a tiempo los proyectos y ser formal con las citas. Ocúpate de hacer realidad tus sueños.

3. Proactividad

Recuerda que ser proactivo implica tener iniciativa para encontrar soluciones y mejorar las circunstancias. No es quedarte esperando a que la musa te inspire, sino que cuando llegue tú ya lleves horas trabajando. En el capítulo anterior profundicé en este elemento, pero lo traigo de vuelta porque esta actitud me parece indispensable para acercarte a tu objetivo. Los resultados requieren trabajo, pero también que los busques activamente, con conocimiento, entusiasmo e imaginación.

4. Determinación

Las dificultades no son obstáculos, sino retos que te invitan a descubrir nuevos caminos para llegar adonde quieres. Es como el montañista que debe probar rutas distintas si las que conoce están bloqueadas. Asciende poco a poco, pero no se rinde. Continúa su marcha porque está decidido a alcanzar la cumbre. Puede que tu camino no siempre sea sencillo, pero con la actitud positiva que has comenzado a desarrollar, los desafíos se van a transformar en oportunidades. ¡Créelo y ten la confianza de que lo vas a lograr!

La ética de trabajo te va a acompañar en las buenas y en las malas. Y entre más la fortalezcas, más posibilidades vas a tener de salir aun de las peores situaciones. Piensa en las personas que lo han perdido todo en desastres naturales o que han quedado en banca rota cuando en algún momento estuvieron en la cúspide. La fortuna y los bienes materiales pueden ir y venir, pero tu determinación para levantarte de la adversidad y seguir adelante va a permanecer contigo siempre que la cultives. Nació de ti y de tu empeño por crecer. Es el mérito de tu esfuerzo. Porque el desvelo de hoy, mañana seguramente se va a reflejar en grandes satisfacciones.

Esfuerzo

Si quieres ser igual que los demás, haz lo mismo que ellos. Pero si quieres ser el mejor y destacar, siempre debes estar dispuesto a dar un extra.

Un día me puse a calcular cuántos clavados llevaba en mi carrera. Estimé que diario hago entre 100 y 300. Multiplicado por seis días a la semana, durante casi 28 años desde que empecé, el resultado me sorprendió: alrededor de dos millones. Con esa cantidad, uno pensaría que a partir de cierto número la mayoría de los clavados en las competencias deberían de ser perfectos, pero no es así, aún queda espacio para las fallas. Siempre hay cabida para los errores y la excelencia, por eso un extra puede hacer la diferencia al momento de ganar y cumplir tus metas. Es el último empujón para prepararte mejor y el impulso para fortalecerte o acercarte a lo que buscas.

Supongamos que eres un vendedor y tu día no ha resultado como esperabas. En lugar de regresar a casa con las manos vacías, decides hacer una última llamada a uno de los prospectos de tu lista. Si todo sale bien, quizá no solo cumplas tu meta diaria, incluso puede que cubras la de la quincena. Un intento más puede hacer la diferencia. Por supuesto, no hay garantía de que tus expectativas se vayan a cumplir o de que sucedan en el momento y de la forma que quieres. Pero ¿cómo lo vas a averiguar si no te arriesgas? Hazlo. Vete con la satisfacción de haberlo logrado, regálate ese dulce.

Si quieres sobresalir, enfoca tu energía y tu trabajo para conseguir los resultados que persigues. En el mundo del deporte es famoso el ejemplo de Cristiano Ronaldo, que es el primero en llegar a los entrenamientos y de los últimos en irse. Para algunos, el futbolista portugués quizá no sea el más talentoso, pero sus hábitos de entrenamiento son impresionantes. Y en esa hora adicional que está practicando en la cancha se demuestra que aún tiene espacio para pulir su juego. Porque no basta con cumplir, hay que desear ser el mejor y respaldarlo con acciones.

Te invito a que cierres los ojos unos segundos y observes con atención las imágenes que surgen cuando piensas en triunfar y cumplir tus sueños. Grábalas en tu memoria. Siente cómo se aviva el fuego interno que te anima a no conformarte, a dar más de ti y a no dejarte llevar por tus inseguridades. Deja que la llama crezca y que de aquí en adelante alimente tu impulso para alcanzar la excelencia, aun si estás cansado o has tenido una jornada difícil. Siente ese fuego interior y ten la confianza de que vas a conseguir lo que te propongas. Da ese extra que hace falta.

Dedicación

Cuando estaba en la universidad, me hacía más feliz ir a entrenar el sábado en la mañana que ir a la fiesta del viernes en la noche. Y aunque me gustaba divertirme igual que a los demás, mis prioridades eran distintas que las de mis compañeros. Me entusiasmaba levantarme temprano los fines de semana para ir a practicar, porque luego tendría la oportunidad de conocer otros países, culturas y personas en las competencias. Por eso no me pesaba quedarme en casa por la noche, pues al día siguiente cultivaría lo que me apasionaba. En tu camino de crecimiento, es importante decidir a qué le vas a destinar tu tiempo, tus recursos y tu energía.

La dedicación implica tener prioridades, es decir, saber qué acciones te ayudarán a cumplir de manera más efectiva tu objetivo. Es tener claro qué tareas te conviene hacer y cuáles mejor descartar. Pero ¿cómo diferenciarlas? Déjame compartirte un par de consejos.

1. Distingue lo importante de lo urgente

   Lo importante se relaciona con tu propósito y, para reconocerlo, debes preguntarte: "¿Me acerca a mi objetivo?". Lo urgente, en cambio, es aquello cuya fecha de entrega está por vencerse y, para ubicarlo, pregúntate: "¿Debo hacerlo ahora?".

   Supongamos que debes responder una veintena de correos para mañana y presentar en dos días tu plan de negocios para un posible financiamiento de la empresa de tus sueños. ¿Cuál tiene más importancia y cuál es urgente?

   Si aún no te queda claro, pregúntate: "¿Qué pasaría si no hago esta tarea?". **Al determinar tus prioridades, la importancia tiene mayor peso que la urgencia.** No caigas en el error de hacerlo al revés. En el ejemplo anterior, los correos pueden esperar otro día, tu sueño no, porque perderías una valiosa oportunidad.

2. Piensa a futuro

Tus preocupaciones, problemas y expectativas te pueden ofuscar y opacar lo que tiene más peso en tu vida. Para tener mayor claridad, imagina cómo te quieres ver en uno o dos años y qué aspiras a conseguir. En función de lo que visualizaste, ahora piensa qué debes hacer para conseguirlo. En el ejemplo anterior, sin duda la prioridad es trabajar en tu plan de negocios para solicitar el financiamiento. El futuro es tu guía para actuar hoy.

En muchas ocasiones nos gana el placer inmediato, como cuando nos tiramos en la cama a ver una serie en lugar de avanzar en la tesis. No me malinterpretes, la gratificación a corto plazo es rica y necesaria, pues te ayuda a despejarte, pero su horizonte es limitado. Si en cambio aspiras a la excelencia, tu apuesta debe ser a largo plazo. Acostúmbrate a ver más allá de unos cuantos días o semanas y a darle preferencia a lo que te apasiona y te traerá mayor satisfacción a futuro.

Lo que hoy quizá parezca un sacrificio y te fastidie, a la vuelta de unos meses o incluso de unos años va a traerte grandes alegrías. Por eso siempre ten presente que lo que inviertes es lo que recibes. Desde luego que me hubiera encantado ir a las fiestas a las que me invitaban, pero era mucho más satisfactorio terminar en el podio con la medalla dorada en mi cuello. La fiesta venía después, para celebrar mi logro. Solo tenía que esperar un poco.

Constancia

Este pilar se trata de tener la voluntad y la perseverancia para luchar por tus propósitos a pesar de las dificultades. Porque **la mayoría de las veces el éxito no es una carrera de velocidad, sino de resistencia y distancia.**

Al principio de mi trayectoria deportiva las cosas no me salían como quería. En pocas palabras: no ganaba. Pero seguí a pesar de los resultados desfavorables sencillamente porque amaba los clavados. Me apasionaban. Respiraba, comía y vivía el deporte desde que despertaba. Sé que vista desde afuera, mi vida parecía monótona: levantarme, ir a la escuela, luego a entrenar y después a descansar. Así todos los días. Sin embargo, esa rutina era el camino más efectivo para alcanzar mis objetivos. La constancia era la ruta directa al éxito que soñaba, y no tenía atajos.

Ser constante es una decisión personal, no es algo impuesto. A lo largo de mi carrera escuché a compañeros que evitaban la responsabilidad de ser seleccionados nacionales porque no querían estar lejos de sus familias y amigos, o porque preferían otra forma de vida.

Dedicarle tiempo a lo que te apasiona no debe ser un peso ni un motivo de sufrimiento. Si lo es, entonces quizá no sea tu camino. Decía el gran genio e inventor Nikola Tesla:

> No creo que exista emoción alguna que pueda albergar el corazón humano como la que siente el inventor cuando ve que una creación de su cerebro se desarrolla con éxito [...] Tal emoción puede hacer que un hombre se olvide de comer, de dormir, de los amigos, del amor, de todo.

La constancia no es una obligación, sino la oportunidad de llevar tu pasión al siguiente nivel y gozar el proceso. Para ello quiero compartirte a continuación cinco tips ganadores que te ayudarán a fortalecer tu constancia.

1. **Elige**

   Cuando apuestas por una actividad o proyecto que es significativo para ti, te estás comprometiendo con tu desarrollo y realización personal.

2. **Pequeños logros**

   Ya hablamos de este punto en el capítulo 2, pero no está de más recordarte que vale más avanzar un paso o dos todos los días, que querer hacerlo todo de un jalón y luego abandonarlo.

3. **El poder del presente**

   Aquí y ahora es donde plantas las semillas de tus triunfos futuros. Haz que hoy cuente, mañana ya veremos.

4. **Sé flexible**

   Es más fácil que tú te adaptes a las circunstancias que ellas a ti. Si pierdes uno o dos días de las tareas que tenías planeadas, no te agobies y reponlas más tarde.

5. **Enfócate en el proceso, no en los resultados**

   No te obsesiones con lo que quieres conseguir, concéntrate en lo que estás haciendo y disfrútalo.

Disciplina

La disciplina es el hábito que cultivas para seguir en el camino que te propusiste. Tu cuerpo y tu mente se han familiarizado a tal grado con el trabajo, el estudio o el entrenamiento que ya forman parte de ti. Por eso cuando no tienes ganas de salir a correr o de continuar con tu proyecto lo haces de todos modos.

La disciplina, como siempre digo, es hacer las cosas aún cuando no quieras. Te recuerda tus prioridades y te motiva a no aflojar el paso. Si estás a dieta, por ejemplo, te lleva a elegir la ensalada en lugar de la hamburguesa. Quizá estés cansado de comer sano todo el mes, pero tu objetivo de mejorar tu salud te hace no sucumbir a la tentación. La fuerza viene de tu hábito, no solo de tu voluntad. Por eso es tan poderoso este pilar.

Una gran ventaja de la disciplina es que nadie te obliga a seguir el camino que te trazaste ni tiene que estar detrás de ti recordándote tus prioridades. Te regulas solo. Es tu responsabilidad, de nadie más.

Por otro lado, la experiencia me ha enseñado que la disciplina tiene sus límites. El principal es la rigidez. Hay muy pocas situaciones en la vida que de verdad están bajo tu control. Los planes son una guía y los hábitos, una herramienta valiosísima, pero la existencia y sus imprevistos son más poderosos.

Por ello, no te aferres ciegamente a la disciplina y aprende a discernir cuándo sí y cuándo no seguirla. En un caso extremo, si tienes un familiar enfermo que necesita tus cuidados, adáptate a las circunstancias y adecúa tus planes. O si tienes la oportunidad de ir al concierto de tu grupo favorito y conocer a sus integrantes, tómala, ya después repondrás la sesión que perdiste.

Para fortalecer tu disciplina, no olvides:

⇨ Tener claras tus metas y contar con un plan.
⇨ Cultivar hábitos simples y luego aumentar la complejidad.
⇨ Sentir seguridad de que vas a conseguir lo que te propusiste.
⇨ Tener un plan B, C, D y los que hagan falta.

SORPRESA, ¡NO HAY RECETA!

Tal vez te parezca contradictorio leer primero acerca de la fórmula ganadora y, después, que la receta para triunfar no existe. Créeme que no hay conflicto. Lo que en el fondo quiero decirte es que nadie tiene la verdad absoluta, pues no existen pasos infalibles que te garanticen la victoria. Tampoco hay ingredientes mágicos que, al combinarlos, hagan realidad tus deseos. Lo único cierto es que el éxito lo construyes con tu talento y trabajo, con tu esfuerzo y las horas que dediques a cumplir tus objetivos.

En la vida puede haber principios que te orienten en el camino, pero nacen de la experiencia de quien los recomienda. Es su visión, no la tuya. Lo que te he compartido hasta ahora es lo que a mí me ha funcionado y nace de años de dedicación al deporte que amo. Toma lo que te sirva, experimenta, agrega nuevas estrategias y adáptalas a lo que buscas.

Algo de lo que estoy convencido es de que nadie te va a regalar los resultados. Esos te los ganas con tu perseverancia y determinación. Ese es el secreto. Tienes que estudiar, entrenar, trabajar y luchar todos los días. Y mejor aún si lo haces con inteligencia y basándote en un plan y en los objetivos que te ayudarán a realizar tus sueños.

Es muy importante recordarte que **no pierdas de vista disfrutar y encontrar la felicidad en lo que haces** En mi caso, no dudo que eso ha sido fundamental para tener una carrera sobresaliente. Hago lo que me apasiona. En el proceso puede que te frustres y que los fracasos ocasionales te desalienten, pero no te desanimes. Repite y corrige cuantas veces haga falta hasta que te vuelvas un maestro de tu actividad. Hasta que alcances el éxito que anhelas.

El balón está de tu lado de la cancha. Ahora te toca a ti hacer la siguiente jugada.

INSPÍRATE

Quien diga que es fácil vencer la flojera, miente. Y lo mismo pasa con postergar. Puede que sean dos de los retos más difíciles de superar en nuestro camino a la excelencia. Si dejamos que la desidia y las postergaciones crezcan, corremos el riesgo de que terminen echando para abajo nuestros esfuerzos. ¿Cómo podemos enfrentarlas?

La respuesta quizá te parezca demasiado sencilla, pero lo que importa es su efectividad. En tres palabras: haz las cosas. Así como lo lees. Muchas veces, lo más simple es lo más potente.

El principio detrás de esta estrategia es el siguiente: entre más piensas lo que debes hacer, más te enredas en tus dudas y miedos. Lo que era una tarea o un acto relativamente fácil, se complica con las historias que construyes alrededor. Por eso corta de raíz y actúa.

Si quieres empezar a hacer ejercicio y pones tu despertador para salir a correr temprano, no lo apagues ni te quedes otros cinco minutos en la cama. Si lo haces, te va a ganar el sueño o vas a encontrar algún pretexto para decir: "Mejor mañana". No te dejes seducir por las cobijas suaves y cálidas, mejor levántate. Aunque todavía estés adormilado, solo hazlo. Y si vienen pensamientos de que va a hacer frío o vas a estar adolorido al siguiente día, no te preocupes, ya lo resolverás en su debido momento. Concéntrate en lo que tienes enfrente, vístete y sal a la calle a trotar. Una vez que comienzas, le vas a tomar el gusto y no querrás parar.

¡Arriba! No lo pienses y da el primer paso hacia la vida que quieres tener.

NO OLVIDES QUE...

⇨ Detrás de los grandes resultados hay incontables horas de trabajo, esfuerzo, dedicación, constancia y disciplina.

⇨ Hay que trabajar con compromiso, aspirar a la excelencia y respetar las tareas y metas que te has planteado.

⇨ La responsabilidad supone hacerte cargo de tus decisiones y resultados, y asumir tus errores para corregirlos.

⇨ Cuando estás determinado a cumplir tus objetivos, las dificultades se convierten en retos que te motivan a descubrir nuevos caminos para llegar adonde quieres.

⇨ Ser el mejor implica estar siempre dispuesto a dar un extra.

⇨ La dedicación implica conocer tus prioridades para que tus acciones te conduzcan con mayor efectividad hacia tu objetivo.

⇨ Tus sueños requieren posponer las gratificaciones inmediatas y apostar por el trabajo a largo plazo.

⇨ El éxito es más una carrera de resistencia que de velocidad, por eso la constancia es clave para lograr tus propósitos.

⇨ La disciplina es el hábito de trabajar con perseverancia en lo que te propusiste.

⇨ El éxito lo construyes únicamente con tu talento y trabajo, con tu esfuerzo y las horas que dediques a cumplir tus objetivos. Nadie te va a regalar los resultados.

CAPÍTULO

7

Mantente
en la cima

DÉJAME CONTARTE

En el circuito internacional me consideran el abuelo de los clavados. Las carreras en el deporte profesional son breves y suelen terminar antes de los 35 o 40 años. Pasando esa edad, es raro mantenerse en un alto nivel competitivo. Y aunque la mayoría de mis contemporáneos ya se han retirado, yo continúo dando resultados.

En el campeonato mundial de Corea en 2019 me encontré a uno de mis antiguos rivales. Era un estadounidense de mi edad con quien competía desde que estábamos en la categoría juvenil, pero él ahora asistía como entrenador. Cuando me vio, lo primero que me preguntó fue si iba a participar en el torneo. Me dio gusto responderle que sí, que aún seguía dando batalla en el trampolín. No solo llegué a las finales de mi especialidad, sino que terminé ganando la medalla de plata. Después de bajar del podio, él se acercó de nuevo y me felicitó por continuar en el deporte y, sobre todo, por seguir triunfando.

Llevo más de 20 años en la selección mexicana. Y en toda mi trayectoria, me ha tocado entrenar y competir con muchos clavadistas talentosos y sobresalientes, entre ellos el medallista olímpico Fernando Platas, una de mis primeras influencias. Además, he visto a varios compañeros de generación que iniciaron conmigo, pero que ya se retiraron definitivamente del deporte, o bien, son parte de un cuerpo de entrenadores. Quedan pocos clavadistas de mi edad en el país y el extranjero que sigan participando en un nivel de excelencia.

Tengo claro que mi retiro está cada vez más cerca, pero eso no quiere decir que vaya a conformarme y a dejar de luchar por una medalla. **Continúa habiendo un fuego interno que me impulsa a competir y a clasificar a competencias** nacionales e internacionales, como los juegos centroamericanos, panamericanos, mundiales y olímpicos. Y si no gano en un torneo, sé que lo haré en otro.

"Lo difícil no es llegar a la cima, sino mantenerse en ella" es un dicho muy cierto. Hay incontables historias de deportistas, empresarios y artistas que llegaron a la cumbre de sus carreras solo para verlas derrumbarse al poco tiempo. Hay varios factores que intervienen en esta caída, desde las presiones externas hasta las propias, pues la gente y uno mismo exigen resultados.

Muchos buscamos el éxito, pero pocos estamos preparados para incorporarlo a nuestra vida sin perder el piso o sin que el vértigo de nuestros logros se nos suba a la cabeza. La atención que surge con los buenos resultados es muy placentera y puede hacer que olvidemos fácilmente la ética de trabajo que nos condujo a la cúspide.

En el caso de la vida deportiva, muchas veces se pasa por alto el cuidado físico y, cuando menos te das cuenta, el cuerpo te pasa la factura de las lesiones mal atendidas y de los hábitos inadecuados, como la falta de sueño o la alimentación negligente.

En lo personal, mi rendimiento le debe mucho a los años en que he cultivado un estilo de vida congruente con mis objetivos. Desde niño entendí, por ejemplo, que el hielo es mi amigo, porque le ayuda a mis músculos, nervios y sistema circulatorio a recuperarse de las duras sesiones de entrenamiento. Los baños helados no son agradable, pero sin duda me han ayudado a prolongar mi carrera. Y si algo me dolía al terminar las prácticas, prefería quedarme a que me atendieran, aunque estuviera cansado y lo único que deseara fuera irme a descansar y olvidarme de todo.

En cuestiones de alimentación, cuando me preguntan por mi dieta, respondo que no sigo ningún plan riguroso, porque toda mi vida he comido de esa forma. Eso no significa que coma lo que sea, más bien, cuido la calidad y la cantidad de comida porque mi rendimiento depende de ello. No le metes combustible de tercera a un auto de carreras, porque tarde o temprano se avería. Comer sano ha formado parte de mi carrera, por eso conozco y sigo principios de nutrición, pero no los vivo como un martirio. Sé cuándo darme gustos con comidas rápidas, por ejemplo, pero lo hago con moderación y en ciertos momentos.

Mis propósitos a lo largo de más de dos décadas de carrera deportiva han sido competir y ganar, pero también divertirme. Disfruto entrenar y también los resultados, y para hacerlo por más tiempo fui creando las condiciones que me permitieran funcionar como quería para mantener viva mi pasión durante más años.

Y si ahora me preguntas por qué continúo a pesar de todo lo que he conseguido en mi carrera, la respuesta tiene que ver con mi sueño olímpico. Aún no consigo la medalla que tanto anhelo. Nadie me garantiza que la tendré, pero de algo estoy seguro: **no va a quedar en mí hacer realidad esa aspiración que me ha acompañado desde niño.**

Siempre hay espacio para mejorar y mantener viva la llama de la excelencia. En las próximas páginas quiero compartir contigo varias estrategias que te ayudarán a no conformarte y a evitar que pierdas el rumbo. Este camino de superación continúa, así que no bajes el ritmo.

SIEMPRE HAY ESPACIO
PARA CRECER

Hay deportistas que deslumbran con su talento desde que pisan una cancha profesional. Otros requieren tiempo e incluso suerte para hacerse notar, pero en cuanto les llega la oportunidad, no dudan y terminan convirtiéndose en leyendas. El mariscal de campo Tom Brady es uno de esos jugadores que han marcado un antes y un después en el fútbol americano. Nadie ha conseguido tantos campeonatos como él, ni siquiera los equipos más ganadores de la historia.

Cuando llegó a la liga, nadie lo notó. En su primera temporada con los Patriotas de Nueva Inglaterra apenas jugó unos minutos y su equipo perdió el partido. La posibilidad de protagonizar un juego llegó al año después, debido a una fuerte lesión del mariscal titular. En los siguientes encuentros Brady comandó la ofensiva, y con cada partido el joven ganaba confianza. Esa temporada, los Patriotas no solo se convirtieron en un conjunto ganador, luego de años de malos resultados, sino que conquistaron su primer Súper Tazón.

El ascenso de Brady no fue casualidad, lo suyo fue trabajo duro. De entrada, para ser considerado al puesto de suplente tuvo que ganar peso en el gimnasio, aprenderse todas las jugadas del equipo y fortalecer su liderazgo con los jugadores veteranos. Desarrolló distintos aspectos de su juego y los entrenadores quedaron tan impresionados que le brindaron la oportunidad de ser el mariscal sustituto. Cuando la ocasión se presentó, Tom Brady estaba listo. El trabajo había dado frutos.

En sus más de 20 años en la liga, el mariscal ha llegado a diez finales, de las cuales ha ganado siete. Su último campeonato lo consiguió en febrero de 2021, a los 43 años. Muchos lo descartaban por su edad y porque había cambiado de equipo, pero él demostró que la mentalidad, la constancia y el hambre de triunfo son los que en realidad conquistan campeonatos.

Brady ha declarado que aún le quedan varias batallas más por dar y que no se piensa retirar pronto. Por lo menos no antes de los 45 años. Lo que queda claro es que **su éxito no se basa en las opiniones de los demás, sino en los desafíos que él mismo se ha planteado a lo largo de su carrera.**

Carol Dweck, reconocida investigadora de la Universidad de Stanford, distingue dos tipos de mentalidades: la fija y la de crecimiento. Tom Brady es un gran ejemplo de la segunda, la cual describe a personas que se esfuerzan y no se rinden ante las dificultades y los errores, buscan alternativas para seguir aprendiendo y están abiertas al cambio.

Las personas con mentalidad fija, en cambio, ven los retos como amenazas, creen que los errores son fracasos y responden a la defensiva cuando alguien les ofrece consejo o les hace una crítica para mejorar. Esta actitud hace que se consideren incapaces de aprender y no ven los obstáculos como una oportunidad de avanzar.

El siguiente cuadro te ayudará a ver con mayor claridad las diferencias entre ambas mentalidades.

Fija	De crecimiento
• Cree que el éxito se basa en capacidades innatas que vienen de nacimiento y que nunca cambian. • Vive las fallas de forma negativa, por lo que no les ve remedio. • Se desanima fácilmente y renuncia a intentar nuevos proyectos.	• El éxito se basa en el trabajo, la preparación y el desarrollo de su fortaleza interna. • Sabe que las malas experiencias son parte del camino y las va a superar. • Está dispuesto a aprender, es perseverante y pide ayuda cuando la necesita.

La palabra clave en la mentalidad de crecimiento es determinación. No necesitas saberlo todo ni ser un experto en finanzas, negocios, idiomas o lo que sea, pero debes estar dispuesto a aprender, a equivocarte y a corregir hasta dominar lo que te interesa. Ser determinado es elegir no rendirte y saber que aquello que no sepas lo puedes asimilar con esfuerzo y perseverancia.

A continuación, te comparto algunas estrategias que te ayudarán a fortalecer tu mentalidad de crecimiento.

1. **Que no te dé miedo el cambio**

   Plantéate un sencillo reto diario, como probar otra ruta para ir al trabajo o usar ropa de un color que uses poco.

2. **No te compares**

   Recuerda que todos tenemos distintas habilidades y talentos. Lo importante es tu dedicación para sacarles provecho.

3. **Aprende a recibir consejo**

   Así como las críticas útiles, y descarta las que no te ayuden a avanzar.

4. Sé paciente y persevera

Date cuenta de que estás en el camino para alcanzar tus sueños.

Deja a un lado la soberbia

El éxito puede abrumarte con expectativas o cegarte con soberbia. En el primer caso todos esperan más de ti, incluyéndote. Porque entre más ganas, más alto quieres llegar y más intereses hay en juego. El problema surge cuando todo el tiempo quieres demostrar que eres el mejor, el más inteligente, el más rápido, el más espectacular.

Entonces lo que haces deja de ser para ti y se convierte en una continua demostración de fuerza para los demás, hasta que revientas o te fastidias. Hay muchas personas que al llegar a este punto rompen su racha ganadora o incluso inician el declive de su carrera. El éxito deja de ser un asunto de crecimiento y de entrega a lo que les apasiona y se convierte en una constante necesidad de validar su ego.

Por otro lado, cuando te pica la soberbia y crees que lo sabes todo, dejas de escuchar y de esforzarte cada día por mejorar. Para algunos, aquí comienza el descenso. Siempre habrá un pez más grande que tú, alguien con mayores destrezas, capacidades o conocimientos. Es parte de la vida y no hay nada de malo en aceptarlo. De hecho, si dejas la soberbia a un lado, puedes aprender de esas personas y de lo que hacen bien, de sus aciertos y fortalezas. En esta actitud se encuentra la clave de la humildad y del crecimiento personal sin límites.

La humildad es una virtud que no todos aprecian. Muchas veces nos perdemos en ideas erróneas sobre quiénes somos y eso nos cierra a las experiencias y los puntos de vista valiosos que la gente puede aportarnos. Una forma de tener los pies bien plantados en la tierra es encontrar a alguien superior de quien puedas aprender, así como a un principiante para que lo guíes y a un igual para medir tus fortalezas. Eso te permitirá beneficiarte de otros conocimientos, compartir lo que sabes y tratar de superarte constantemente.

Otro signo de humildad es saber recibir la crítica. ¡Ojo! Esto no significa permitir que otros te desacrediten o humillen. Las descalificaciones y ofensas no son críticas, sino ataques contra tu persona. En cambio, los comentarios y análisis constructivos son observaciones y argumentos que te ayudan a identificar errores que no habías visto y que te presentan sugerencias para que seas más efectivo.

Mi entrenadora Majin, por ejemplo, me señala los aspectos que mejoré de un clavado y los que aún están flojos. Esto me permite saber qué estoy haciendo bien y en qué debo trabajar. Esa visión me da la posibilidad de ubicar lo positivo, así como los puntos a mejorar, y me brinda objetividad. Por ese motivo sé que sus comentarios no son personales y no me los tomo a pecho.

Es una virtud estar abiertos a las correcciones, pues nadie es perfecto, aunque crea lo contrario. Por eso **no hay que rechazar la crítica, siempre que venga acompañada de razones sólidas y propuestas para mejorar.** Además, esta apertura fortalece nuestra capacidad de escucha, ya que no nos ponemos a la defensiva al recibir otros puntos de vista y nos ayuda a construir relaciones positivas y de confianza con los demás. Esa disposición contribuye significativamente a que el ego no se nos salga de las manos.

Mi entrenadora siempre me dice que me rodee de gente que me aporte algo positivo y me impulse a crecer. Es algo en lo que coincido con ella y me parece fundamental compartírtelo. Busca personas que sean sinceras y procuren tu desarrollo, que no teman señalarte actitudes o conductas equivocadas, aunque al principio sea incómodo. No tienen por qué coincidir contigo, lo importante es que respeten lo que haces y que su perspectiva te enriquezca.

Además de la objetividad de Majin, tengo el optimismo de Jin, mi otro entrenador. De él recibo palabras de aliento y el impulso para plantearme nuevos retos. Con una tengo dosis necesarias de realidad, el otro me inyecta el optimismo que requiero para continuar en el camino. En ambos encuentro técnica y apoyo emocional, que no recibiría si me creyera infalible.

Rodéate de gente que comparta los buenos y malos momentos, que te apoye cuando enfrentes desafíos, que te escuche, te respete y de quien puedas aprender. Evita a las personas que te alaben solo para quedar bien contigo, que te desacrediten a la menor oportunidad o que abiertamente te agredan. El éxito es un barco que necesita a la mejor tripulación a bordo, así que escoge con cuidado a quienes te acompañarán en esta travesía. Sobre todo, borra de tu cabeza la idea de que este es un camino solitario. Venimos a cooperar, a crecer y a disfrutar esta vida juntos.

ESTILO DE VIDA

Hay una realidad que no a todos les gusta reconocer: el éxito viene y va, así como la fama y el poder. No soy pesimista, pero es un hecho que las situaciones cambian y las personas evolucionan, por eso no hay que dejar que los humos se nos suban a la cabeza si tenemos una buena racha.

Cuando gané la medalla de oro en la copa mundial de 2016, recibí mensajes de felicitación de otros deportistas destacados, de personalidades y directivos nacionales, además de tener la oportunidad de conocer al presidente de México. Me sentía en la cima del mundo, pero seis meses después viví lo opuesto cuando no gané esa medalla en las olimpiadas. En otro momento gocé de meses de fama cuando concursé en el programa de televisión, pero poco después una situación desafortunada impidió que me llevaran a competir a los Juegos Panamericanos.

Todo el tiempo estamos en un sube y baja. Incluso si en algún periodo estás en la cúspide, llegará el momento en que no sea así. La atención de los demás es muy agradable, pero lo que importa en el fondo es qué tan satisfecho y feliz estás con lo que haces.

Si tus planes y actividades nacen del simple gusto por desarrollar tu talento y lo que te apasiona, entonces tu estilo de vida lo va a reflejar. La cima dejará de ser cómo te perciban los demás, porque su opinión es cambiante, y más bien se va a centrar en tu crecimiento y en crear las condiciones para hacer lo que amas.

Desde pequeño me acostumbré a cierta forma de alimentarme, entrenar y plantearme objetivos, que después aprendí a trasladar a otros aspectos de mi vida. Por eso no es un sacrificio comer de forma balanceada, dormir ocho horas, seguir un plan y ser disciplinado en mis actividades diarias, porque me brindan bienestar y me ayudan a concretar mis propósitos. Si no voy a fiestas ni me desvelo, es porque sé que afectarán mis resultados. Además, al otro día sufro en el entrenamiento, pues llego como zombi, mis reflejos son más lentos, no me concentro bien y me puedo lastimar. Aprendí que el placer inmediato termina siendo un suplicio cuando no coincide con tus prioridades.

Cuando tienes un estilo de vida acorde con tus objetivos, cultivas los hábitos necesarios para cumplirlos. Lo anterior incluye tus actividades cotidianas, pero también el cuidado de tu cuerpo y tu mente. Si pierdes de vista un aspecto, a la larga va a repercutir en lo que haces. Si no descansas ni comes adecuadamente, por ejemplo, tu desempeño se verá afectado, por mucho que te esfuerces en ganar fuerza o velocidad. **Somos un todo, y no solo una suma de partes sin conexión.** A continuación, te comparto algunas claves para cultivar un estilo de vida productivo y saludable.

1. Siempre ten un propósito

No está de más repetirlo: ten objetivos que le den sentido a tus días. Muchos deportistas olímpicos y profesionales se entregan por años a la misión de ser los mejores. Por eso, cuando se retiran del mundo competitivo, muchos caen en crisis severas. Michael Phelps, por ejemplo, entró en una depresión tan profunda, que incluso pensó en el suicidio. Sus éxitos pasados no le daban significado a su presente. Las personas necesitamos propósitos que nos animen a aprender, a mantenernos activos y motivados. De lo contrario, corremos el riesgo de quedarnos en el limbo, sin una luz que ilumine nuestras acciones y nos anime a levantarnos a diario.

2. Crea hábitos

   Nuestras acciones de todos los días tienen mucho mayor peso que lo que hacemos de vez en cuando. El hábito implica un compromiso a largo plazo y por eso requiere perseverancia y que no te rindas. No importa si hoy tuviste un resbalón y no saliste a hacer ejercicio o fallaste en tu plan de alimentación, corrige y sigue adelante. En este punto, los cinco pilares que abordamos en el capítulo anterior te serán de enorme ayuda para crear hábitos sólidos.

3. Identifica qué te funciona

   Cada persona es distinta y no a todos nos sirven las mismas estrategias. Si a tu personalidad le vienen bien los horarios y las rutinas, los planes de trabajo te serán de gran ayuda. Pero si prefieres improvisar, ten metas que te ayuden a mantenerte en el camino y dale rienda suelta a tu creatividad. Reflexiona en qué circunstancias has tenido éxito y en cuáles has tenido dificultades para ser constante, qué situaciones te distraen y te alejan de tus objetivos y cuáles te enfocan y motivan. Lo fundamental es que tus acciones te permitan avanzar adonde quieres.

4. Haz ajustes

Todos tenemos hábitos constructivos y otros que nos ponen el pie. Y si no los identificamos, los segundos van a acabar con las ganancias de los primeros. Supongamos que a diario haces ejercicio en la mañana, pero en la tarde te bebes litro y medio de refresco y te alimentas con comida rápida. Si no haces los ajustes necesarios, los retrocesos van a ser mayores que los avances. Pero ¡atención! No quieras hacer cambios radicales ni cortar de tajo con los malos hábitos, porque puedes acabar abrumado y con la tentación de renunciar. **Recuerda que son más poderosas las acciones pequeñas y constantes.** Por ejemplo, acostumbra a llevar tu botella de agua a todas partes y prepara comida saludable por la noche para que la lleves contigo y no tengas que comer en la calle. Hazlo a tu ritmo, primero tan solo unos días, y ve aumentando la frecuencia hasta que se vuelva algo normal. La idea es sentir que es fácil construir tus hábitos.

5. Combina trabajo y diversión

Hay un mito generalizado de que es imposible tener un equilibrio entre las obligaciones y el placer. Y la verdad es que no siempre es sencillo mezclarlos. Pero si dejas que el deber y el estrés ganen la partida, ni siquiera tendrás oportunidad de disfrutar el éxito al que has dedicado tanto tiempo y energía. Es muy importante que no olvides el gozo que acompaña a lo que amas y te apasiona, pues es un gran impulso para seguir adelante a pesar de los obstáculos.

6. **Cuida tu cuerpo**

   Este punto no tiene que ver con la moda de llevar una vida *fit* y lucir como modelo. Más bien, se trata de darle prioridad a tu salud para que puedas rendir como quieres y tener equilibrio personal. En esencia, consiste en comer sano, ejercitarte y descansar lo necesario para recuperarte. Lo anterior incluye comer de forma nutritiva, sin negarte de vez en cuando algún gusto. Dormir lo suficiente para que tu cerebro y el resto de tu cuerpo se reparen del desgaste del día, y activarte por medio del ejercicio. Una mejor salud se traduce en una mente clara y positiva para enfrentar los desafíos y, sobre todo, es la base de tu bienestar.

El estilo de vida no es una estructura rígida para controlar cada aspecto de lo que hacemos, sino un camino que vamos construyendo en función de lo que buscamos, y lo adecuamos según nuestras necesidades y las circunstancias que se presenten. Es un camino activo que uno va trazando mientras lo recorre para llegar y mantenerse en la cima. Es tu camino, ¡así que a cosechar éxitos!

Venimos a cooperar,
a crecer y a disfrutar
esta vida juntos.

_____

INSPÍRATE

Te propongo un desafío para que consigas pronto tus metas. ¡Es un *challenge*!

Vas a elaborar dos breves listas. En una, escribe cinco actitudes, hábitos o conductas que te hayan ayudado a conseguir algo importante o satisfactorio en el pasado. Busca unos minutos de calma para hacer memoria. A lo mejor eres muy creativo y tienes facilidad para pensar en ideas o soluciones novedosas. O desde pequeño eres de esas personas que nunca faltan a la escuela o al trabajo y, además, eres puntual. Anótalo.

En la segunda lista, escribe cinco actitudes, hábitos o conductas nocivas que han obstaculizado tu crecimiento. De nuevo busca un momento de reflexión para recordar. Quizá inicias los proyectos con un tremendo entusiasmo, pero al poco tiempo los abandonas. O bien, te da por postergar asuntos importantes, porque siempre estás ocupado. Anótalo.

Ahora escoge una o máximo dos conductas de la primera lista para desarrollarlas durante un mes y una o máximo dos conductas de la segunda lista para darte cuenta y evitarlas. Dales prioridad en tu desarrollo. El hábito positivo, fortalécelo. Busca nuevas maneras o situaciones para ponerlo en práctica. Usa tu creatividad, por ejemplo, para prepararte comida rica y saludable. El hábito nocivo, elimínalo. Si tu problema es la inconstancia, proponte una tarea que puedas llevar a cabo fácilmente y aumenta poco a poco la complejidad. Por ejemplo, arregla pequeños pendientes que tengas en casa, como apretar el tornillo de la puerta caída o cambiar el foco de la lámpara que lleva meses sin funcionar.

El siguiente paso es plantearte objetivos y metas para darle seguimiento a lo que vas a trabajar. Recuerda que entre más específico seas, mejor. Si quieres trabajar tu constancia y aprender a tocar la guitarra, puedes proponerte practicar mínimo cuatro días a la semana durante una hora. Ese será tu compromiso.

Y para motivarte, sube tu foto trabajando en tus hábitos ganadores, utiliza el hashtag *#EquipoRommel* y etiquétame @rommel_pacheco para que tus amigos sepan que estás comprometido con tu crecimiento. Incluso, puedes invitar a otros a que se unan al reto.

NO OLVIDES QUE...

⇨ La gente con mentalidad fija ve los retos como amenazas, los errores los traduce como fracasos y reacciona a la defensiva ante a los consejos y las críticas constructivas.

⇨ Las personas con mentalidad de crecimiento se esfuerzan y no se rinden ante las dificultades y los errores, buscan alternativas, aprenden y están abiertas al cambio.

⇨ Para fortalecer la mentalidad de crecimiento debes perderle el miedo al cambio, evita compararte, aprende a recibir consejos y críticas útiles, y siempre persevera.

⇨ El lado negativo del éxito es que puede abrumarte con expectativas o volverte soberbio.

⇨ Deja la soberbia para tener la oportunidad de aprender de los aciertos y fortalezas de otras personas que quizá tengan mayores destrezas, capacidades o conocimientos que tú.

⇨ Una manera de trabajar la humildad es aprender de alguien que sepa más que tú, compartir lo que sabes con alguien que inicia su camino y medir fuerzas con un igual.

⇨ Una característica de la humildad es estar abierto a la crítica constructiva.

⇨ El éxito no es un camino solitario y requiere gente valiosa que te escuche y te apoye en tu travesía.

⇨ El éxito no es permanente, porque las situaciones y las personas cambian todo el tiempo, así que ten los pies bien plantados en la tierra.

⇨ Si tus objetivos y actividades nacen del deseo de desarrollar tu talento y pasión, tu estilo de vida será un reflejo de ellos.

CAPÍTULO

8

Compartir
y agradecer

DÉJAME CONTARTE

Paco, el entrenador que tuve cuando llegué a la Ciudad de México era un hombre complejo. Dirigió el equipo juvenil de clavados durante varios años y puedo decir que gracias a él desarrollé la personalidad fuerte que tengo hoy. Para mí, hasta fue como un segundo padre. Yo venía con otra mentalidad, era tímido y, además, muy delgado. Sin embargo, mi determinación y empuje estaban ahí, aguardando por las condiciones óptimas para aflorar.

La visión de Paco era exponerte a situaciones que te desafiaran para hacerte crecer. Además de obligarnos a bailar en las reuniones, nos mandaba a preguntar información en las competencias internacionales para que perdiéramos la vergüenza. El reto no era la pregunta en sí, sino que no sabíamos inglés ni el idioma del lugar y, a pesar de eso, averiguábamos lo que nos había pedido.

Por otro lado, **buscaba que fuéramos despreocupados y que no cediéramos al estrés, aunque tuviéramos un problema encima.** Quizá por eso el equipo regresaba al hotel en los recesos de los torneos, en lugar de darnos tiempo para descansar y comer en las instalaciones de la competencia. Decía que eso nos iba a despejar, aunque la verdad es que terminábamos corriendo de regreso y apenas lográbamos calentar para las siguientes pruebas. "Tranquilos", nos repetía desenfadado.

Lo que aprendí para manejar la presión en las competencias ahora lo pongo en práctica en otros contextos. A fin de cuentas, hay situaciones que están en mis manos y otras que no. En las primeras, resuelvo y actúo, en las segundas ni siquiera tiene sentido perder la cabeza. A Paco le debo la enseñanza de intervenir en lo que puedo y, en lo que no tiene caso, mejor lo dejo ir. Si llovía, hacía viento o frío en una competencia, no lo podía controlar, pero sí podía calentar, practicar y concentrarme en mi rutina.

Los métodos de Paco eran poco convencionales, por decirlo con suavidad, pero funcionaban. Muchas veces prefería aventurarme con un clavado complicado que soportar sus gritos y regaños. Era un tipo exigente, pero aprendí a ganarme su respeto con trabajo y demostrando que podía, que sabía y que cumplía.

En los años que estuve con él aprendí a ser yo y, en cierto sentido, a imponerme. Era ese tipo de entrenadores que uno ve en las películas motivando al equipo. Me sacudía psicológicamente y me centraba o me calmaba según la situación y mi estado emocional.

Antes de que lo dieran de baja del programa debido a problemas personales, Paco aprovechó un convenio entre México y China para pedir un entrenador auxiliar. Y así conocí a Majin, a quien considero mi segunda mamá.

Si con Paco aprendí a afirmarme como individuo, ella me enseñó a formar equipo y a pensar en los demás, a cuidar mis modos y palabras, porque a veces soy tosco cuando me empeño en que las cosas funcionen.

Después de los Juego Olímpicos de Atenas, no hubo manera de regresar a entrenar con Paco y me quedé con Majin. Aunque ya la conocía y había trabajado con ella, la transición no fue sencilla, pues tenía otra técnica y otra metodología. Además, en mi interior no creía que fuéramos a tener buenos resultados. Sin embargo, al año siguiente gané la Universiada Mundial y, a partir de esa victoria, creamos un fuerte lazo de confianza y un vínculo muy profundo.

Majin no es una motivadora, lo suyo es la técnica. En ese rubro, diría que está entre los tres mejores del mundo. Cuando iniciamos nuestro trabajo juntos, sentí que me faltaban los métodos de Paco, su forma de retarme o de tranquilizarme si estaba nervioso. Supe que tendría que encontrar la manera de no depender de ella en ese aspecto. No obstante, siempre acudo a Majin cuando necesito un consejo o estoy triste. Ha estado conmigo en las victorias y las derrotas, en los días felices y en los difíciles.

Para ella son fundamentales la buena conexión y la energía. Si la comunicación y el entendimiento fluyen entre ambos durante la competencia, los resultados ocurren. Pero si hay fricción, la confianza se debilita y nuestra amalgama se pierde.

Tanto Paco como Majin han sido personas que han dejado su marca en mí. Sé que sin su influencia y conocimientos, en especial los de ella, no habría llegado adonde estoy. Para mí, **los entrenadores son maestros poco reconocidos, porque sin su guía sencillamente no habría resultados.** Más allá de las medallas, las enseñanzas que recibí de todos mis entrenadores me han preparado para mi camino actual y el que busco recorrer cuando me retire del deporte.

Sé que aunque ejecuto solo mis clavados, detrás de mí hay mucha gente apoyándome, desde la persona que limpia la piscina hasta mis entrenadores, doctores, mi familia y mi esposa. La influencia de todos ha sido crucial para alcanzar la cima y agradezco contar con ellos.

También estoy agradecido contigo, querido lector, pues estamos por llegar al final de este recorrido. Y en estas últimas páginas quiero hablarte de la gratitud y de la apertura a compartir lo mejor de ti con quienes te rodean. Recuerda que el éxito no es una búsqueda solitaria y en este camino de crecimiento todos vamos juntos.

EL ARTE DE LA GRATITUD

¿Qué haces en cuanto suena tu alarma por la mañana? ¿Sueles iniciar el día de malas, con quejas desde temprano por lo injusta que es la vida e insatisfecho por lo que no tienes? ¿O en cuanto te despiertas empiezas a pensar en tus pendientes y te levantas abrumado por los problemas que te esperan durante la jornada?

En el primer caso, la inconformidad va a marcar el tono de tu día. En el segundo, estás más ocupado en padecer tus preocupaciones que en vivir. Ahora te pregunto: ¿qué pasaría si te dieras unos minutos para ser agradecido desde que abres los ojos? ¿Crees que algo cambiaría? Déjame decirte que sí, y mucho.

Las obligaciones, nuestras expectativas desmedidas y los conflictos cotidianos nos hacen perder de vista algo fundamental que solemos dar por sentado: estamos vivos. Créeme que no es poca cosa. Un nuevo día representa una nueva oportunidad para crecer, amar, aprender y prosperar. ¿No te parecen buenas razones para comenzar a ser agradecido?

Agradecer no significa conformarse, sino aceptar y valorar tus circunstancias actuales. Supone prestar atención a lo que sí tienes y apreciarlo como parte de tu existencia, en lugar de reprocharte y sufrir por lo que no posees. Tal vez no estás en tu trabajo soñado, pero este puede ser un trampolín para saltar a nuevos horizontes profesionales. O quizá no estás en una relación perfecta, pero con la suficiente disposición y un trabajo mutuo las circunstancias pueden mejorar significativamente.

La gratitud implica modificar tu visión para dejar de enfocarte en las carencias y, más bien, prestar atención a la abundancia que ya hay en tu vida. Además, cuando la practicas y la conviertes en un hábito, tienes la sensación de que cada día es una página en blanco donde puedes escribir tu historia de éxito, en lugar de que tu existencia sea un drama interminable del que eres un mero espectador.

Ser agradecido también te aterriza en el presente, que es el único espacio donde tus acciones de verdad influyen. Te ayuda a considerar lo que hay, no lo que se perdió o lo que está por llegar. Ya sabemos que las quejas por el pasado y la angustia por el futuro no conducen a nada, por eso es necesario aprender a funcionar desde el aquí y ahora.

A continuación, quiero compartirte algunas estrategias que estoy seguro de que te ayudarán a incorporar el poder de la gratitud a tu rutina.

1. **Identifica lo que sí tienes**

   Regálate un momento para considerar tus fortalezas y talentos. Enumera a las personas significativas que te rodean, los beneficios de tu trabajo, tu salud, tu casa y todo lo valioso que hay en tu vida. Te apuesto a que la lista te sorprenderá. Busca un espacio para escribir las cosas positivas que te vengan a la mente y regresa periódicamente a revisarlas y a agregar nuevos elementos. Con el tiempo vas a darte cuenta de que cada aspecto que incluyas es un regalo de la existencia.

2. **Inicia y termina tu día agradeciendo**

   La gratitud se cultiva a diario, y la mejor forma de crear el hábito es tomándote un par de minutos al inicio y al final de la jornada para apreciar y reconocer lo que tienes, sea poco o mucho. Repasa en tu cabeza o en voz alta aquellas cosas que te hacen ser afortunado.

3. **Cuida tu lenguaje**

   Presta atención a tus pensamientos y a lo que dices, y fíjate en qué porcentaje de tu habla consiste en quejas. Los lamentos constantes solo harán que tus circunstancias se sientan más pesadas y difíciles de resolver. Además, las protestas al aire no transforman tu realidad, así que mejor no malgastes tu tiempo y energía. En lugar de quejas, busca expresar tu agradecimiento a la gente que te rodea. Di a tu familia, amigos y compañeros de trabajo lo importantes que son para ti y lo que aportan a tu vida. Las palabras generosas se contagian y favorecen los vínculos fuertes.

4. Incluye las pequeñas experiencias

A menudo nuestros agradecimientos se enfocan en la posesión de bienes materiales, en la presencia de gente significativa y en cuestiones esenciales como la salud y el trabajo. Por supuesto que es importante reconocer el bienestar que nos aportan, pero no hay que olvidar los pequeños momentos que forman parte de nuestro día y que también nos aportan placer y felicidad, como las mañanas soleadas, la frescura del viento en una tarde calurosa, haber comido nuestro postre favorito o que la señal de internet no haya fallado durante la videollamada del trabajo o la escuela. Atesora todos esos instantes de dicha y conviértelos en experiencias de plenitud. Son tu dulce diario para continuar un día más.

No estás solo

Hay una idea bastante difundida acerca de la gente que destaca o construye imperios por su cuenta: lo consigue prácticamente sin ayuda. La realidad, sin embargo, es que uno nunca llega solo adonde está. Siempre hay alguien que te tiende una mano, que interviene con su conocimiento, que te da una oportunidad o te ayuda de algún modo.

Es cierto que las decisiones ocurren en tu cabeza y que tus actos las ponen en marcha y las concretan, pero eso no significa que otras personas no han formado parte o influido de alguna manera en tu recorrido. En ocasiones, la repercusión es sutil y basta con que alguien te sonría para cambiar tu ánimo, justo el día en que necesitabas sentirte bien para presentar el proyecto de tus sueños. El impacto de la persona puede parecer minúsculo, pero al final tuvo un efecto muy positivo en tu vida.

Todos estamos conectados de maneras que no sospechamos. Si en tu ascenso al éxito ayudas y eres agradecido, con el tiempo irás construyendo una valiosa red de apoyo que puede respaldarte más tarde. En cambio, si pisoteas a quienes te rodean con tal de subir a cualquier precio, corres el riesgo de que los afectados te devuelvan el gesto más tarde. De verdad, para triunfar no tienes que aplastar a los demás. Al contrario de lo que muchos piensan, la cooperación es más poderosa que la fuerza y la imposición.

Recuerda que el descenso también forma parte de la vida. Ya sea por la edad, por cuestiones de salud o porque un ciclo se cierra, el hecho es que las circunstancias cambian y es mejor cultivar buenas relaciones con quienes te rodean. No es lo mismo caer sin que nadie meta las manos para amortiguarte el impacto, que tener una red que suavice el golpe y luego te ayude a levantarte.

Para mí es importante construir una cadena de favores. Con esto quiero decir que retribuyas a quien te ayuda. Cuando haces un favor, en algún momento este se replica y poco a poco empiezan a sumarse otros apoyos. A la larga, esto se puede convertir en una marea positiva que cada vez beneficie a más gente.

Creo que cuando eres bueno contigo y con las demás personas, la vida te favorece. Pero si lastimas a propósito o dañas para sacar alguna ventaja, las situaciones te van a pasar la factura más tarde. No es magia ni un acto de justicia poética, es simple causa y efecto. Lo que siembras es lo que cosechas.

Para que tu camino al éxito sea próspero, acostúmbrate a cultivar respeto en tus relaciones, y eso incluye agradecer a quienes han contribuido a tus logros. Cuando gano, enseguida comparto el triunfo con mi entrenadora, que pasa las mismas horas que yo en la piscina. Además de la foto de la victoria junto al equipo que me apoyó en la competencia, les dedico palabras como: "Eres parte de la medalla. Sin tu ayuda, no hubiera podido conseguirlo".

Me parece muy importante valorar el trabajo de quienes aportaron algo a ese triunfo, ya sean recursos, tiempo o experiencia. Pero no limites tu reconocimiento a los buenos resultados, sino a cualquier momento significativo que compartas con alguien más.

Por naturaleza, los humanos estamos diseñados para ser empáticos y solidarios, para tomar en cuenta el bienestar de los demás e incluso para sacrificarnos por el grupo. La lucha y la competencia intensa dan resultados en el corto plazo y en ciertos contextos, pero a la larga dificultan la creación de relaciones sólidas basadas en la confianza.

Tu camino de crecimiento implica ver por tus objetivos e intereses, pero mi sugerencia es que no te quedes ahí y veas más allá de ti. El camino que elegimos no termina cuando te cuelgan la medalla, cuando ganas tu primer millón o cuando llegas a la cima de una empresa. Una vida verdaderamente exitosa busca incluir a los demás para crecer juntos. Es una apuesta por el bien común.

En el juego tradicional del escondite hay una frase que se utiliza para rescatar a todos los jugadores: "Un, dos, tres por mí y por todos mis compañeros". Te invito a que intentes apropiarte de ella.

DA

En la simplicidad de esa sílaba y de ese verbo se oculta un enorme poder. Cuando das, sales de ti y ves por alguien más. Por un instante, la vida de la otra persona y la tuya quedan unidas y se transforman.

Recuerdo que un Día de Reyes fui a regalar juguetes a los niños de varias comunidades necesitadas. Muchos de los pequeños la pasaban mal, pero a un grupo de ellos les bastó una sencilla pelota de plástico para que su mañana se iluminara. No tardaron en ponerse a jugar entre risas y gritos de felicidad. Y de pronto me di cuenta de que no les había obsequiado solo un juguete, sino la ocasión de divertirse y pasarla bien a pesar de las dificultades. Al final, quien se fue con un gran regalo emocional fui yo. Sentí una profunda satisfacción al verlos contentos y haber compartido con ellos parte de su alegría.

Los humanos somos seres sociales que por naturaleza buscamos la manera de ayudar y cooperar con otros, desde dar un obsequio o escuchar atentamente a alguien que lo requiere, hasta dedicar nuestro tiempo a una causa. Al hacerlo, experimentamos bienestar y nos volvemos individuos íntegros que ven más allá de sí mismos, sin olvidar el placer de sabernos útiles.

Si no estás acostumbrado a dar, puede que al inicio te cueste un poco de trabajo, pues en nuestra cultura aprendemos a recibir mucho y a dar poco. Cuando llega Navidad o nuestro cumpleaños esperamos regalos, cuando iniciamos una relación esperamos obtener amor y atención, si cambiamos de empleo o iniciamos un proyecto la recompensa que deseamos es más dinero. Recibir es muy satisfactorio, pero es algo que rara vez depende de nosotros: puede que no llegue cuándo y cómo queremos, si es que llega.

Dar, en cambio, sí está en tus manos. Además, tú decides qué y cuánto brindas de ti, pues solo podemos otorgar lo que tenemos, no más.

Un aspecto importante que debes cuidar es que tus actos de generosidad no dependan de una recompensa. Considera que no todo lo que siembres va a dar frutos, así que acostúmbrate a dar porque lo deseas y te resulta gratificante. Da porque te nace hacerlo, pero no esperes algo a cambio, de lo contrario puedes terminar resentido, frustrado y sin deseos de volver a ayudar.

Las personas no siempre te van a retribuir, ya sea porque son despistadas, están distraídas con otros problemas o tienen otras prioridades. No te lo tomes a pecho y aprecia tu acto sin ponerle una medida. Si surge de ellos la reciprocidad, agradécelo y valora su gesto. Si no hay recompensa, considera lo que hiciste como tu aportación para mejorar este mundo y la vida de alguien más.

Te comparto un par de consejos que de seguro te lo harán más fácil.

1. **Primero las personas**

   La idea de ayudar es contribuir al crecimiento de la gente y apoyarla para que mejoren sus circunstancias y se sientan bien. Recuerda el principio de la cadena de favores: cuando ayudas a que alguien alcance sus sueños, propicias que ella, él u otros te apoyen para conseguir los tuyos. Las recompensas materiales vienen después.

2. **Que las cosas fluyan**

   No permitas que las posesiones te cieguen ni te obsesiones con acumular bienes. El temor a la pérdida hace que algunos crean que dar los dejará sin nada, pero ocurre lo contrario. Dar es abrir la puerta para que entre lo nuevo. Aprende a desprenderte y permite que las cosas circulen y cambien de manos para que otras personas también se beneficien.

Un comentario final: **busca ser feliz con lo que tienes hoy y con las personas que te acompañan en el presente.** Ellos son tu pista de despegue para levantar el vuelo. Que la frase "si yo tuviera" no te atormente. Si el vecino trae un mejor auto o tu compañero de trabajo se fue de vacaciones a la playa, está bien. No dejes que te gane la envidia ni que te agobie la insatisfacción. Recuerda ser agradecido por aquello que forma parte de tu vida y enfócate en tus prioridades. Del resto se encargarán tu esfuerzo y dedicación.

Y con esto llegamos al final del trayecto. Pero no quiero despedirme sin recordarte que el éxito es más que una medalla o una cuenta abultada en el banco. Se trata de aportar algo positivo a este mundo y tener un propósito que le dé sentido a tus días. Trabaja, persevera y, sobre todo, disfruta el viaje. El resto será la historia que escribas a diario con tus acciones. ¡Éxito!

**Trabaja, persevera y,
sobre todo, disfruta el viaje.**

———————————————————

INSPÍRATE

Llegó la hora de la verdad. Después de atravesar por un entrenamiento riguroso de ocho capítulos, te invito a que pongas en práctica lo que aprendiste a lo largo de estas páginas. Retoma tus metas, aclara tus objetivos y conquista tus sueños.

Primero, elige la meta que consideras más importante. Busca que no solo te interese, sino que verdaderamente te apasione para que te comprometas a llevarla a cabo. Si tienes problemas para elegirla porque hay muchas cosas que quieres hacer, echa mano de la visualización para darte mayor claridad. Pregúntate cómo te quieres ver dentro de medio año y qué quieres lograr en ese plazo. Recuerda que entre más detalles agregues a lo que imaginas, el resultado será más efectivo.

Una vez que decidas qué quieres trabajar, escribe tu meta en una hoja y desarrolla tu plan. Revisa el capítulo 2 en caso de que necesites refrescar o recordar algún concepto. Al terminar, pon la hoja en un lugar visible, como el refrigerador o el espejo de tu habitación, y comienza el camino.

Para reforzar tu compromiso, comparte en redes sociales el reto que te propusiste y etiqueta a personas que te gustaría que te apoyaran. Incluso puedes invitarlas a que se planteen su propio reto.

Publica fotos del proceso y tus avances cada 21 días. Señala qué quieres conseguir y cuál ha sido tu progreso en esas tres semanas. Dale continuidad a tu reto durante medio año, utiliza el hashtag *#EquipoRommel* y etiquétame @rommel_pacheco en las publicaciones para ver tus avances. Me encantará saber que vas en camino a conseguir lo que te has propuesto.

Por último, busca que este reto te sirva de modelo para trabajar después en otras metas y sueños que anhelas alcanzar.

Ahora sí, que nada ni nadie te detenga, ¡a triunfar!

NO OLVIDES QUE...

⇨ Al ser agradecido, aceptas y valoras tus circunstancias actuales, le prestas atención a lo que tienes y lo aprecias, en lugar de quejarte por lo que no posees.

⇨ La gratitud implica dejar de concentrarte en tus carencias para enfocarte en los elementos de abundancia que hay en tu presente.

⇨ Uno nunca llega solo adonde está, pues siempre hay personas que han formado parte del camino, ya sea dándonos una oportunidad o apoyándonos de algún modo.

⇨ Para triunfar no tienes que pisotear a quienes te rodean.

⇨ Construir una cadena de favores implica que cuando apoyas a alguien o le retribuyes el favor, con el tiempo creas una marea positiva que beneficia a más gente.

⇨ Por naturaleza, los humanos buscamos ser empáticos, solidarios y procuramos el bienestar de los demás, incluso si eso supone sacrificarnos por el grupo en algún momento.

⇨ El verdadero éxito busca incluir a los demás para crecer juntos y compartir el bien común.

⇨ Que tus actos generosos no dependan de recibir una recompensa.

⇨ Ayudar es contribuir al crecimiento de las personas para que mejoren sus circunstancias; las recompensas materiales llegan más tarde.

⇨ Dar es abrir la puerta para que entren cosas nuevas y benéficas a tu vida.

Epílogo

Te quiero felicitar por ese gran corazón de campeón que tienes. A este reto que acabas de conquistar pronto se sumarán varios más que sin duda te van a conducir a la vida de éxitos y bienestar que anhelas.

Siéntete orgulloso del camino de constancia y dedicación que recorriste párrafo a párrafo hasta terminar este libro. Considéralo una muestra de lo que puedes lograr con convicción y hambre de crecimiento.

Asimismo, quiero agradecerte por confiar en mi experiencia y en las estrategias que te propuse para ayudarte a alcanzar tus sueños. Te confieso que también para mí fue un desafío sentarme a escribir las páginas que tienes en tus manos. Y así como tú, debí arriesgarme, tuve que enfrentar mis inseguridades y decidirme a actuar para quitar el *hubiera* de en medio.

Este equipo que formamos durante ocho capítulos ha sido especial y te agradezco por acompañarme en esta aventura. Para mí también ha significado poner a prueba los principios, herramientas y conocimientos que expuse. Pero ¿sabes algo? Ha valido la pena cada hora dedicada a buscar las palabras adecuadas y a corregir lo que ya había escrito. Porque creo en tu potencial y quiero contribuir a tu crecimiento de la mejor manera.

No tengo duda de que si ya comenzaste a poner en práctica las estrategias que te presenté, los resultados han empezado a llegar poco a poco. Y si aún no ha ocurrido, sé paciente y persevera. Recuerda que la mayoría de las veces toma tiempo llegar a la meta. Y en lo que eso ocurre, ¿por qué no disfrutas las situaciones y agradeces las enseñanzas y la compañía de las personas que te vas encontrando en el trayecto?

Tampoco olvides que el éxito y la prosperidad son un asunto de hábitos. Fortalece los que te permitan construir un estilo de vida ganador y trabaja en aquellos que suelen detener tu vuelo. Hazlo con dedicación, pero también sé comprensivo contigo. No esperes que las conductas negativas que construiste en el transcurso de varios años cambien al primer o segundo intento.

Ten en cuenta que el primer paso a menudo es el más difícil, pero afortunadamente tú ya te has puesto en marcha, así que continúa con tu transformación y no pierdas el ritmo de tu esfuerzo. Echa mano de las estrategias y herramientas que adquiriste en *Cómo ser el mejor del mundo* y regresa a estas páginas cada vez que necesites refrescar algún concepto, recordar cómo plantearte objetivos eficaces o cuando quieras retomar algún ejercicio que te resultó especialmente útil. Piensa que este libro será como un consejero que siempre estará a tu disposición.

Especialmente, confía en ti. Además de que tienes el talento, ahora cuentas con una metodología poderosa para llegar adonde te propongas. Toma riesgos y no temas equivocarte. Recuerda que los errores son maestros invaluables que nos muestran los aspectos que debemos corregir para seguir mejorando.

Tienes en tus manos todo lo que hace falta para convertirte en la persona que siempre has soñado. **Trabaja para ser el mejor y sé alguien que constantemente aspire a grandes cosas.** Sobre todo, sé tú mismo: un guerrero, un triunfador y el campeón de tu vida.

Creo en tu potencial y quiero contribuir a tu crecimiento de la mejor manera.

AGRADECIMIENTOS

Me siento muy afortunado de saber que en mi vida he estado rodeado de muchas personas que con su cariño y amistad me han ayudado a nunca rendirme y luchar por mis metas.

Agradezco por supuesto a mis papás por todos los sacrificios que hicieron y siguen haciendo por mí. Mamá, te adoro y siempre serás mi ejemplo de lucha y entrega.

A mis hermanos Kennya e Irak, que juntos hemos salido adelante apoyándonos en en cada paso que damos. Irak, has sido un gran hermano, apoyo y guía para mí, eres en gran medida mucho del éxito que tengo.

A mi amiga y ahora esposa Lylo, por apoyarme en estos últimos años a lo largo de cada batalla.

A mi entrenadora Majin, que ha sido amiga, mamá, psicóloga y consejera, juntos hemos ganado infinidad de competencias con tus correcciones tan estrictas, pero más allá de tu guía en el deporte, me llevo tu guía en la vida.

A todos mis entrenadores: Jin, amigo, gracias por estar en esos momentos difíciles y juntos salir adelante. Wayo, Rolando, Bazo, Paco, Rosita, Juan, Eslava, Chen, Bai, Shi, Martha, Liu, Huang... a todos mis amigos y equipo.

A Jahir por acompañarme en muchas batallas, victorias y aventuras. Doc Juan, Benito, Seidi, Joaquín, Tzinnias, Diana, Gustavo. Víctor, Gonzalo y Daniel por ayudarme con este proyecto.

A mis abuelitos, sobre todo a mi abuelita Deysita que me cuida desde el cielo.

Podría seguir con esta lista, ya que solo mencioné a algunos. Pero, en definitiva, quisiera agradecer a todos los que de alguna u otra forma estuvieron o ayudaron en mi vida.

¡TU OPINIÓN ES IMPORTANTE!

Escríbenos un e-mail a
miopinion@vreditoras.com
con el título de este libro en el "Asunto".

Conócenos mejor en:

www.vreditoras.com
f **⊙** **VREditorasMexico**
🐦 **VREditoras**